ORADOUR
10 Juin 1944

Albert VALADE

ORADOUR
10 Juin 1944

La page de catéchisme
Les villages sans enfants

4e ÉDITION

Prix des Arts et Lettres de France 2000
Section Histoire

★

Médaille de la ville de Toulouse

EDITIONS DE LA VEYTIZOU

ISBN : 2-913210-03-1

Je dédie ce récit à ma mère, Marie Valade, et à toutes les mamans des hameaux d'Oradour-sur-Glane qui, un matin de juin, ont regardé partir leurs enfants, et ne les ont jamais vus revenir.

A la mémoire de celles et ceux qui ont donné leur vie pour avoir voulu sauver leurs enfants.

A.V.

Préfaces

10 juin 1944, Oradour-sur-Glane…

Les récits de cette tragédie, véritable génocide, ne manquent pas, relatant l'horreur de cette journée que rien n'effacera et que nous ne saurions oublier.

Mais Albert VALADE avec "La page de Catéchisme" a voulu aller plus loin.

Comme une peinture naïve mais combien émouvante, il a retracé ce qu'avait été "l'après Oradour" pour des dizaines et des dizaines de familles chez qui les plaies ne se sont jamais refermées.

C'est là le témoignage d'un adolescent de 1944 pour qui la jeunesse se confondit avec le sang et les larmes.

Claude FRANÇOIS
Journaliste bien connu

J'ai lu ce livre d'un trait et j'ai été ému, retrouvant mes souffrances de ce jour et des jours suivants.

Ce sont les mères qui ont eu peur à Oradour. Celles à l'intérieur de l'église qui craignaient pour les hommes laissés au rassemblement. Celles des villages pour leurs enfants partis le matin à l'école.

J'ai revu Oradour avant ; une vie tranquille, heureuse au printemps, la fête foraine le 4 juin, le débarquement le 6, l'espoir et le 10 juin l'horreur.

Et ces femmes, ces mères qui ont du attendre leurs petits… qui ne sont pas revenus.

Les hommes qui sont allés voir Oradour... et qui ont vu.

Et la vie qui a dû continuer dans les fermes et pour les survivants. J'ai revu tout ça.

Je pense que le lecteur partagera cette émotion.

J.M. DARTHOUT

Rescapé de la grange Laudy
Président de l'Association Nationale
des Familles des Martyrs
d'Oradour-sur-Glane

Vous devinez avec quelle émotion j'ai découvert le terrible ouvrage que vous avez eu la délicate pensée de m'offrir, très aimablement dédicacé.

Après ce qu'il a vécu il appartenait à Monsieur Albert Valade d'écrire ce livre difficile. Il l'a fait avec une belle simplicité et beaucoup de dignité, rendant à ses proches, hommes, femmes et enfants tragiquement disparus, une voix, un visage.

Cette "Page de catéchisme", que j'ai lue très attentivement, restera longtemps dans ma mémoire. Je l'aurai présente à l'esprit lorsque je me rendrai, le 16 juillet prochain, à Oradour.

En vous remerciant de bien vouloir dire à Monsieur Valade combien son livre m'a touché, je vous prie d'agréer, cher Monsieur, l'expression de mes sentiments les plus cordiaux.

Avec mes amitiés.

Jacques CHIRAC

Avant propos

Ce livre raconte les événements vécus par les habitants des hameaux de la commune d'Oradour-sur-Glane le 10 juin 1944 et les jours suivants. Ce n'est pas l'historique complet et détaillé de tous les hameaux, ce qui serait impossible, mais le drame vécu par le Mas-du-Puy, mon village, est le même que celui subi par tous les autres.

J'ai voulu avant tout montrer le calvaire enduré par les mamans dont les enfants ont été massacrés, alors qu'ils se trouvaient à l'école à Oradour ce jour-là.

Le lecteur me pardonnera d'avoir beaucoup parlé de ma famille, et surtout de ma mère, mais c'est la maman que je connais le mieux. Par le récit de son épreuve, j'ai tenté de relater et de faire comprendre ce que toutes les mamans ayant vécu ce drame ont pu éprouver tout au long de leur vie, ainsi que le courage qu'il leur a fallu pour continuer comme elles l'on fait à assumer leur tâche de maîtresses de maison, malgré la blessure toujours présente qu'elles ont porté avec dignité et discrétion.

La perte d'un enfant n'est pas dans l'ordre normal des choses.

Ce sont des réalités dont on n'a pas, ou peu, parlé.

Avril 1987

Nous venons de traverser Saint-Gence, le village où je suis né. Il m'a semblé assoupi.

Je donnerais beaucoup pour ne pas continuer. Je conduis ma mère dans une maison de retraite. Depuis quelque temps, elle n'a plus toute sa lucidité, et son état nécessite une surveillance constante.

" Une maison de retraite, on en sort les pieds devant ", m'a dit madame Malherbe. Elle a vécu elle-même cette expérience avec sa maman, et sa famille a subi à peu près les mêmes épreuves que la nôtre.

C'est le début du printemps, il fait un temps superbe. Les arbres mettent leurs premiers bourgeons, et le soleil diffuse une claire lumière. " Il va faire beau aujourd'hui, dit ma mère, il n'y a pas un nuage. "

Nieul. Elle a vécu heureuse ici autrefois avec mon père et ma sœur, alors petite fille.

" Je n'ai rien pour écrire. Je ne pourrai pas te faire de lettre. "

Elle en serait bien incapable, hélas.

Je me présente à l'accueil et je la confie à une employée. Le personnel est très gentil. L'établissement est neuf, sa construction vient d'être achevée.

Je lui dis au revoir, je l'embrasse. Elle ne pleure pas, mais elle est triste.

" Je reviendrai te voir demain ". C'est atroce.

" À demain. "

Je pense à toutes les épreuves qu'elle a eu à surmonter au cours de sa vie, comme toutes les mamans d'Oradour. Je me remémore le passé depuis mon plus jeune âge et j'éprouve à cet instant l'envie de raconter notre histoire.

Avant la guerre – 1937-1938
Le Gros Chêne

Le village de La Barre, dans la commune de Veyrac, est situé au bord de la route nationale, entre Limoges et Saint-Junien. Depuis deux ans, nous habitons une ferme à la sortie nord du pays, dans la direction de Limoges. La propriété est appelée *Le Gros Chêne* en raison de l'arbre, au tronc court mais d'une grosseur énorme, planté en face de la ferme.

La circulation automobile est importante : cela pose un problème pour sortir les troupeaux. Moi, j'admire les voitures. Un oncle m'a appris à reconnaître leurs marques. Les Citroën avec les deux chevrons sur la calandre, dont la reine est la Traction ; les Peugeot avec le lion, les 201 et les 202 ; les Chenard et Walkers, etc. Il y en a de toutes petites dont je ne connais pas le nom. Mon grand père dit que ce sont des *diabletous*.

Le soir, dans mon lit, avant de m'endormir, je les écoute, et aussi les camions. Lorsqu'ils s'éloignent, leur grondement devient doux, apaisant. La lumière des phares filtre au travers des persiennes et projette dans ma chambre des faisceaux lumineux qui font le tour de la pièce. C'est féérique.

Un cousin, radio électricien, nous a installé la T. S. F. Il a fallu planter une haute perche au fond du pré pour y fixer l'antenne. Les informations parlent des menaces d'une nouvelle guerre. Le pape Pie XI est mort ; il aimait beaucoup la France, paraît-il. Tino Rossi chante *Tant qu'il y aura des étoiles, Marinella,* Rina Ketty *On n'a pas tous les jours vingt ans, Sombreros et mantilles,* et Berthe Silva *Si l'on pouvait arrêter les aiguilles au cadran qui marque les heures de la vie.* C'est la chanson préférée de Germaine, ma sœur.

On n'entendrait plus le tocsin sonner pour annoncer que les hommes vont s'égorger, *si l'on pouvait arrêter les aiguiiiiiiilles.*

J'ai appris à monter à bicyclette, avec l'aide de mon père. Il tient le vélo par la selle et me suit en courant. La grande difficulté, plus que de tenir l'équilibre, est de s'arrêter et de descendre de machine en évitant de tomber. À la troisième séance, il lâche la selle sans que je m'en aperçoive, mais bientôt il frappe dans ses mains, et je réalise que je ne suis plus tenu. Cependant, tout se passe bien. Je m'arrête et je descends de vélo sans aucune aide. Je sais faire du vélo, c'est un bonheur immense, on dirait aujourd'hui super ou génial.

Mon vélo est petit, bien adapté à ma taille. Acheté d'occasion, mais en très bon état, il est noir, les jantes et les moyeux sont nickelés. Les rayons étincellent au soleil, c'est magnifique.

J'ai un camarade plus âgé que moi, Marcelin, qui a quatorze ans. Ensemble, nous faisons de petites randonnées par les routes secondaires, mais aussi par la nationale. Son vélo, à lui, est un demi-course avec un guidon bas et un changement de vitesse à dérailleur qui fait un bruit délicieux quand on l'utilise, des pneus minces comme ceux des coureurs. Marcelin roule beaucoup plus vite que moi, mais il m'attend. Un jour, après les Cinq-Routes, nous continuons jusqu'à La Plaine. Avant de faire demi-tour, en face de chez Aymard, il me dit : " Tu vois, là-bas, c'est Oradour. "

Au jardin qui jouxte la maison, un petit carré de terrain m'est réservé. Je bêche avec la pelle du foyer, celle avec laquelle on recueille les cendres. Ce jardin est bordé par une haie de buissons et par des arbres dont la taille m'impressionne. Petit enfant, je croyais que c'étaient les arbres qui produisaient le vent en agitant leurs branches et que, dans un paysage sans arbres, il n'y aurait pas de vent. L'année précédente, aux environs du Mardi gras, une violente tempête en a déraciné plusieurs, laissant un grand périmètre de terre ouverte. Pour le moment, le mois de mai les fait se couvrir de feuilles vert tendre.

Dans le pré à côté, tout en surveillant les brebis, ma mère coud des gants de cuir. Parfois, elle me récite des contes et des légendes d'autrefois. Un jour, après avoir coupé les ongles de mes doigts avec ses ciseaux à couture, elle me dit : " Autrefois, on disait que la Sainte Vierge venait se peigner à l'endroit ou l'on s'est coupé les ongles. "

J'ai déjà gardé seul les brebis, mais, dans le troupeau, il y a un bélier agressif. Peut-être parce qu'il voit que je suis tout petit, il court vers moi tête baissée. Avec un bâton, je tape sur sa tête de toutes mes forces. Je crie de frayeur. J'ai du mal à le faire reculer : sa tête est dure comme du bois. Mais j'ai trouvé une parade : il faut le frapper sur le nez, et il fait tout de suite demi-tour.

Ma sœur Germaine s'occupe des vaches, un peu plus loin, au Pré Vori.

Une fois par semaine, lorsque c'est la saison de récolter les légumes, j'accompagne ma mère au marché, à Limoges. Elle vend des haricots verts ou des petits pois, parfois une volaille. On prend l'autobus Gayout qui effectue le trajet Angoulême-Limoges, un car tout bleu à la carrosserie dernier cri, aérodynamique, avec l'arrière en jupe. À l'entrée de la ville, il y a l'octroi, où il faut payer un droit en fonction de la marchandise transportée. Ce n'est pas bien méchant, on triche un peu, il arrive même que l'on oublie de déclarer certaines choses.

Nous descendons de l'autobus place des Carmes. Il faut porter la marchandise plus loin, mais, la plupart du temps, des clochards(1) s'offrent, moyennant une pièce de monnaie, à s'en charger, et ma mère est connue pour sa générosité. On passe devant les halles où se presse une foule de ménagères faisant leurs emplettes. On continue par la place des Bancs, la rue Haute-Vienne, et on arrive place Haute-Vienne, où ma mère installe sa marchandise.

De là, on surplombe le quartier : la mairie, le café l'Orient, un établissement neuf. Je me rappelle avoir vu le bâtiment en cours de construction.

---

(1) Aujourd'hui on dit S.D.F.

La vente est vite faite, les clientes sont des habituées. Après le marché, nous faisons du lèche vitrines. Les Magasins A. Dony, *la Maison Moderne, Aux 100 000 cravates*, etc. Ensuite, une visite aux établissements Galtier, rue Élie Berthet, tissus et bonneterie en gros. J'ai longtemps conservé un foulard acheté chez eux. Monsieur et madame Galtier sont nos plus proches voisins à la ferme. Mon beau-frère travaille parfois à leur propriété, et c'est une joie quand je suis invité chez eux. C'est là que j'ai mangé des artichauts pour la première fois. Il y a aussi des desserts au chocolat, et, quand il fait très chaud, les Lithinés, cette poudre blanche qui, diluée dans l'eau, en fait une boisson gazeuse.

Avant de rentrer du marché, ma mère achète des gâteaux. En plus, souvent, j'ai droit à un livre ou à un journal : *Hourra ou Robinson, L'Épatant*, ou encore *Les Pieds Nickelés*. Un jour, elle m'a acheté une carabine à ressort, avec des flèches au bout en caoutchouc ; je suis un peu gâté.

Un soir, à la fin du repas, mes parents ont évoqué l'incendie d'une ferme qu'ils avaient bien connue ; un incendie dû à la malveillance ? On avait, paraît-il, répandu de l'essence dans les bâtiments avant d'y mettre le feu. C'est affreux, un incendie. Tous les animaux avaient péri brûlés. " Depuis, j'ai toujours eu peur du feu ", dit ma mère. Saisi d'une grande tristesse, j'ai pleuré à chaudes larmes. Ma grand-mère s'en est aperçue, alors que le sujet de la conversation avait déjà changé.

" Qu'a-t-il donc à pleurer comme ça ?

– Ah, c'est parce que nous avons parlé de l'incendie.

– Allez, ne pleure pas. Cela s'est passé il y a bien longtemps. "

*

* *

Les propriétaires de la ferme du Gros Chêne habitent " le château ", en réalité une maison bourgeoise au centre du village. Nous passons devant, mes camarades et moi, pour aller à l'école. On est heureux ici. À Noël, j'ai été invité à choisir un jouet dans le grenier du château : un immense galetas encombré de vieux meubles, de coffres anciens et de bien d'autres merveilles. J'y ai trouvé un train ; il n'est pas mécanique, et je suis un peu déçu, mais heureux malgré tout, car c'est mon premier train.

Hélas, la propriété est à vendre, et il faudra déménager. On ne connaît pas encore le nouvel acquéreur, mais du terrain a déjà été vendu. Les patrons ont, paraît-il, des difficultés financières, et ils ont décidé de se séparer de ce bien, à regret.

Le régisseur, monsieur Émile, a dit qu'il aurait peut-être une place au domaine des Corets. Cet endroit plairait bien à mes parents. On l'aperçoit lorsqu'on se rend à Limoges : c'est à gauche, avant Le Breuil. Il y a là un très beau château.

" De toute façon, a-t-il ajouté, ne soyez pas inquiets, il faut un métayer pour ma propriété du Mas-du-Puy. "

Le Mas-du-Puy, dans la commune d'Oradour-sur-Glane, est un joli petit village, un peu isolé. Pour se rendre à Limoges, il faut parcourir deux kilomètres à pied et prendre le tramway, alors qu'à La Barre, le car Gayout s'arrête devant la porte. Nous préférerions les Corets.

À la Toussaint, il est fréquent, pour les familles de métayers, de changer de ferme et de commune ; cela veut dire qu'on ne reviendra pas à son école.

Comme chaque année, monsieur Marty, l'instituteur, pose la question : " Y a-t-il quelqu'un parmi vous qui va déménager cette année ? " Je lève la main. Il est surpris, va aussitôt le dire à son épouse qui enseigne à la petite classe. Ils sont déçus. J'avais obtenu de bons résultats avec eux.

Quelques jours plus tard, nous revoyons le régisseur. Les Corets, c'est loupé. Maintenant c'est définitif, ce sera le Mas-du-Puy, à Oradour-sur-Glane.

Le Mas du Puy.
Au premier plan la Glane et le pont de l'Erbeillou.

Le Mas-du-Puy – 1939

J'ai retrouvé René, un camarade que je connais bien. Nous avions occupé le même banc à l'école de La Barre, quand il habitait le quartier des Rivaux. Il est là depuis un an et a déjà tout exploré. " Tu verras, c'est bien ici : la Glane, le bois du Moulin, Chantelouve, les Landes... "

Pendant ce temps, la France et l'Angleterre sont entrées en guerre contre l'Allemagne.

Au Mas-du-Puy, comme un peu partout dans la région, il y a des réfugiés de la région de l'Est. Un jour, avec un jeune Alsacien, nous allons dans la châtaigneraie, ramasser du bois mort que ses parents utilisent dans la cheminée de la vieille maison où ils sont logés. Deux branches assez fortes nous servent de brancard que nous portons à deux, lui devant, moi derrière. J'ai oublié le nom du jeune Alsacien, mais je me souviens qu'il était émerveillé par les fougères et qu'il avait voulu en cueillir une grosse touffe, " pour allumer le feu ". Mais nous avons trop chargé, je ne peux tenir mon côté. Il faut alléger le chargement. " Adieu, la bonne fougère ", murmure tristement mon compagnon.

Avec deux autres camarades, nous jouons aux soldats. Nous avons récupéré le casque que mon père a rapporté de la guerre et un vieux canon de fusil de chasse ayant appartenu à mon grand-père. Les fossés du bas-côté de la route servent de tranchées.

À la belle saison, nous allons pêcher dans la Glane. Les jolis coins ne manquent pas le long de la rivière qui serpente et paresse à travers les prés récemment fauchés. Lorsque tombe la fraîcheur, c'est le bon moment. Dans le calme du soir, on entend le bruissement des feuilles qu'un vent léger caresse en passant. Les libellules dansent un ballet multicolore. Elles effleurent la surface de l'eau, ou se posent sur une feuille de vergne qui flotte, emportée lentement au gré du courant. Une nuée de gros moustiques cernent le bouchon. Vus de loin, ils ressemblent à des avions, toute une escadrille. Ils s'éloignent dès que l'on tire sur le fil, mais reviennent bientôt.

Sur l'autre rive, les vaches au pelage roux, en bonnes Limousines, broutent en cadence. Cela fait le même bruit que lorsqu'on mord dans une pomme tendre : Vraoum-raoum... raoum...

Deux prairies sont situées de chaque côté de la Glane. Elles sont reliées par un adorable pont de bois avec des mains courantes, le pont de l'Erbeillou. On peut pêcher depuis ce pont, mais il y a un peu de courant, et beaucoup de limon.

Le hameau du Mas-du-Puy est blotti dans le feuillage, près de la forêt de Veyrac. L'instituteur, monsieur Rousseau, dit que ce nom peut venir du fait qu'il y aurait eu, autrefois, un volcan à cet endroit.

On se rend à l'école à Oradour, distant de deux kilomètres, à pied et en groupe, par une route blanche bien ombragée. Au retour, le soir, la distance paraît beaucoup plus courte. Il nous arrive de faire des fredaines. Un soir, ayant repéré un charrettou utilisé par les cantonniers, et laissé au bord de la route en prévision de prochains travaux, nous avons déplacé l'engin, que nous avons abandonné un kilomètre plus loin.

Les sorties de l'école ne sont pas toujours paisibles. Entre ceux des villages des Bordes, de La Tuilière, de Valeix, et ceux du Mas-du-Puy, d'Orbagnac ou du Repaire, la séparation a lieu au Chêne, à côté de la halle et du coiffeur, Lucien Morlièras. Elle est parfois houleuse. Les Bordauds sont les plus nombreux, mais les autres ne se laissent pas faire, et il y en a des costauds.

Un soir, un camion est arrêté devant la halle. L'exploit consiste à s'agripper à l'arrière du véhicule lorsque celui-ci démarre, et de suivre en courant, le plus longtemps possible. Quatre camarades tentent l'expérience. Trois résistent jusqu'à la pompe publique, face à l'église. Seul Pierre reste encore accroché, mais le véhicule prend de la vitesse, les pieds du garçon touchent à présent à peine le sol, et il n'ose plus lâcher prise. Encore quelques mètres, et il tombe lourdement sur la route. Après quelques soubresauts, il reste soudain immobile. Nous craignons qu'il ne soit mort. En attendant l'arrivée du médecin, on le transporte chez monsieur Bardet, la maison la plus proche. Bientôt, il bouge à nouveau. Je lui rappelle que j'avais tenté de le dissuader de ce jeu. Il n'entend pas, il est encore inconscient. Il s'en tirera avec un traumatisme crânien, sans conséquence grave. Sa dernière heure n'était pas encore venue. Ce sera le 10 juin 1944, dans l'église, là, tout à côté.

Novembre 1942

Les troupes alliées ont débarqué en Afrique du Nord ; la flotte française s'est sabordée à Toulon. Les Allemands décident d'occuper la zone libre, et, ainsi, toute la France.

Un important convoi de véhicules et d'armes lourdes traverse Oradour-sur-Glane. Monsieur Rousseau nous fait sortir de la classe et nous conduit au bord de la route.

" Regardez. Ne dites rien. "

Jacques Boissou arrive en trombe. Il s'exclame : " Voilà les Boches !

– Chut... tais-toi. "

Je regarde un moment ce défilé impressionnant, puis, saisi par la peur, je regagne ma place dans la classe. Je suis rejoint quelques instants plus tard par un autre camarade, aussi apeuré que moi.

" Fais attention, dit-il, ils nous tueraient, tu sais. "

Pourtant, ce jour-là, nous ne courions aucun risque. Le danger viendra plus tard, lorsqu'ils reviendront.

Mai 1943

Nous sommes quatre à être présentés au Certificat d'études. En général, la scolarité des jeunes paysans s'arrête à cet examen.

J'ai donc quitté l'école, et je participe aux travaux de la ferme en fonction de mes moyens physiques.

L'essentiel de ma tâche consiste à garder les vaches, c'est à dire à conduire le troupeau au pâturage et à le surveiller. Mon troupeau comprend une vingtaine de vaches, quatre bœufs et deux génisses, tous au poil roux. Pour les conduire, j'ai un bâton en bois de noisetier, que j'ai, après l'avoir coupé, débarrassé de son écorce avec un couteau. Les prairies ne sont pas clôturées, ou si peu ; une haie les délimite seulement par endroits. Elle est très facile à franchir, surtout pour un animal. Il faut donc surveiller en permanence, mais ce n'est pas pénible.

Lorraine veille, et, dès qu'une bête fait mine de vouloir franchir la limite, ma chienne se précipite, et l'animal n'insiste pas.

Une veillée

Après qu'on ait, pendant une grande partie de la soirée, pelé des châtaignes au coin du feu pour le repas du lendemain, la veillée se termine par un casse-croûte, une sorte de mini réveillon, avec des grillons, du pâté et des *galetous* accompagnés de fromage blanc, le tout arrosé de cidre ou de vin.

Il nous arrive souvent, avec des camarades, d'aller faire un tour dans le village et de chahuter un peu les voisins avant de nous coucher. Par exemple, frapper à la porte, jusqu'à ce que quelqu'un bouge à l'intérieur. Nous prenons alors la fuite aussitôt.

Pour les fêtes, quand il y a des invités, on danse dans la cuisine, sur le sol en ciment, accompagnés par le vieil accordéon de mon beau-frère Baptiste. Ce sont souvent les mêmes airs, mais joués bien en cadence, pendant que mon père s'occupe du feu dans la cheminée.

L'insouciance, avant la tragédie

Dimanche 4 juin 1944

Une petite fête foraine a lieu à Oradour. Un manège de pousse-pousse est installé sur la place du Champ de Foire. Les jeunes gens des environs sont venus nombreux, insouciants comme aux plus beaux jours d'avant la guerre. Les anciens disent que cela annonce la fin du conflit. Ils se souviennent qu'en 1918, les bals et les fêtes populaires avaient repris peu avant l'armistice.

Un jeu avec de vieilles boîtes de conserve vides est organisé par Martial, un supporter de l'équipe de football. Il faut faire tomber, à l'aide de balles en chiffon lancées à la main, les boîtes sommairement alignées en forme de pyramide sur une étagère rudimentaire. Une toile de jute est tendue à l'arrière pour arrêter les balles lancées par les concurrents, ainsi que les boîtes projetées par les tirs.

On regrette l'absence d'Armand Senon, dit " Jean Blanc ". Il avait promis à Martial de faire un carton. Hélas, Jean a eu le tibia fracturé au cours de la rencontre de football qui vient de se terminer sur le terrain Lamaud à Bellevue.

8 juin.

Le docteur Jacques Desourteaux vient examiner mon père qui souffre de sciatique. Le médecin est devenu un ami : il soigne la famille depuis longtemps. Nous parlons des événements. La veille, nous avons appris le débarquement des troupes alliées en Normandie, avec beaucoup d'espoir, car nous ne doutons pas du succès de l'opération. La fin de la guerre est proche, les Boches sont foutus. Les combats se déroulent loin d'ici, nous avons beaucoup de chance.

Ma sœur parle de notre cousin Robert, prisonnier en Allemagne, et malade. Elle s'inquiète de savoir s'il est bien soigné là-bas. " Ah, dit le médecin, ils savent surtout tuer. "

On n'a pas de nouvelles très précises sur le déroulement des combats, car les coupures d'électricité sont fréquentes. " Je vais aller à Saint-Victurnien ce soir, dit monsieur Desourteaux, ils ont du courant, grâce au moulin Dony ; j'aurai sûrement les derniers renseignements. "

Au Mas-du-Puy et à Oradour, la vie continue, paisible et même joyeuse ; la belle saison est là. Nous allons bientôt couper les foins ; la nature embaume déjà de toutes les senteurs de l'été. On parle de l'après-guerre et des prisonniers qui vont enfin rentrer. Ils ont sûrement vieilli : allons-nous les reconnaître ?

Marcel, mon cousin de Limoges, est avec nous depuis janvier ; je ne le connaissais pas, pourtant nos deux familles se sont toujours fréquentées. Quand ils sont arrivés un dimanche matin, son père et lui, j'ai d'abord pensé à des gens à la recherche de ravitaillement.

Après avoir accroché, selon son habitude, une petite glace à la crémone de la fenêtre, mon père se rasait consciencieusement avec le coupe-chou. En apercevant les visiteurs, ils se retourne et, à ma grande surprise, s'exclame : " Tiens, voilà André ! "

Sachant notre village calme et isolé, André est venu demander à mon père s'il voudrait bien héberger son fils pour quelque temps, et, au besoin, le cacher. En bon patriote, mon père n'a pas hésité, et Marcel est à la ferme depuis ce jour-là. Il est mécanicien, et travaillait dans un garage en ville avant d'être mobilisé. Il n'a pas son pareil pour réparer les vélos, qualité précieuse à cette heure où beaucoup de gens n'ont plus rien pour se déplacer.

Quand il était aux Chantiers de Jeunesse, à Tronçais, il a appris son prochain départ en Allemagne au titre du Service du Travail Obligatoire. Il a obtenu une courte permission et ne s'est pas représenté à la caserne.

Plus âgé que moi, il est le copain idéal, une aubaine. Il est grand, fort, c'est un fier gaillard. Je me souviens que, rêveuses, les jeunes filles lui souriaient.

Là-bas, dans le sud, partie de Montauban, une division blindée SS. allemande, la division *Das Reich*, est en route pour la Normandie et se dirige vers le centre de la France. Elle va bientôt atteindre Tulle, puis Limoges. La radio de Londres, avec la voix porteuse d'espoir de Maurice Schuman, signale souvent que de violents combats se déroulent sur le front de l'Est, entre l'Armée rouge et des unités SS.

Mais qu'est-ce que les SS.[1] ?

" Des troupes d'assaut, je crois, dit Marcel.

– Peut-être une sorte de corps franc comme nous en avions en 14-18 ", ajoute mon père.

Nous le saurons bientôt.

La division Das Reich a combattu en Russie, où son action consistait, entre autres, à combattre les partisans[2], dans des opérations de ratissage ou de " nettoyage ". Elle n'hésitait pas à détruire des villages entiers susceptibles d'abriter ce genre de combattants. C'étaient des spécialistes des représailles contre les populations civiles.

L'unité a cependant subi des pertes, et elle est en France depuis cinq mois, dans la région de Bordeaux-Montauban, où elle est en cours de reformation. On a incorporé à cet effet de nombreuses et jeunes recrues.

La troupe a pour mission, avant de rejoindre le front, de réduire les " bandes " de maquisards et de

---

1. *Schutz Staffel.* Garde personnelle de Hitler, créée en 1925. Ensuite, formation de police militarisée placée sous l'autorité de Himmler.
   A partir de 1939, les S.S. furent chargés du contrôle des territoires occupés.
   Organe de renseignement lié à la Gestapo, ils furent également responsables de la gestion et de la surveillance des camps de concentration.
   Dès 1940, ils constituent de véritables unités militaires, dites Waffen S.S., puis, en 1944, forment la 6e Panzer.
2. A la suite de l'avancée allemande, les Russes constituaient des groupes qui combattaient l'ennemi sur ses arrières.

pacifier le Limousin, qui lui a été présenté comme une petite Russie, ainsi que de réprimer sans pitié, par tous les moyens, toute tentative d'aide à la Résistance de la part de la population civile.

Ici, à l'écart des grandes voies de communication, on ignore tout cela. On a peu d'informations, la presse est censurée, il n'y a plus de véhicules, les déplacements sont rares, seul le tramway fonctionne. Les nouvelles arrivent surtout par le bouche à oreille, mais elles sont souvent inexactes et invérifiables.

On parle de la Résistance qui se fait plus active, bien qu'il n'y ait pas d'unité dans le secteur. Bien sûr, nous avons entendu parler de Guingouin, qui dirige une troupe importante, mais au-delà de Châteauneuf-la-Forêt, tout près de la Corrèze. C'est loin.

Le 9 juin, la division Das Reich est à Limoges, Rochechouart et Saint-Junien. Comme le rapace qui guette sa proie, les tueurs se rapprochent. Invisible, la mort rôde.

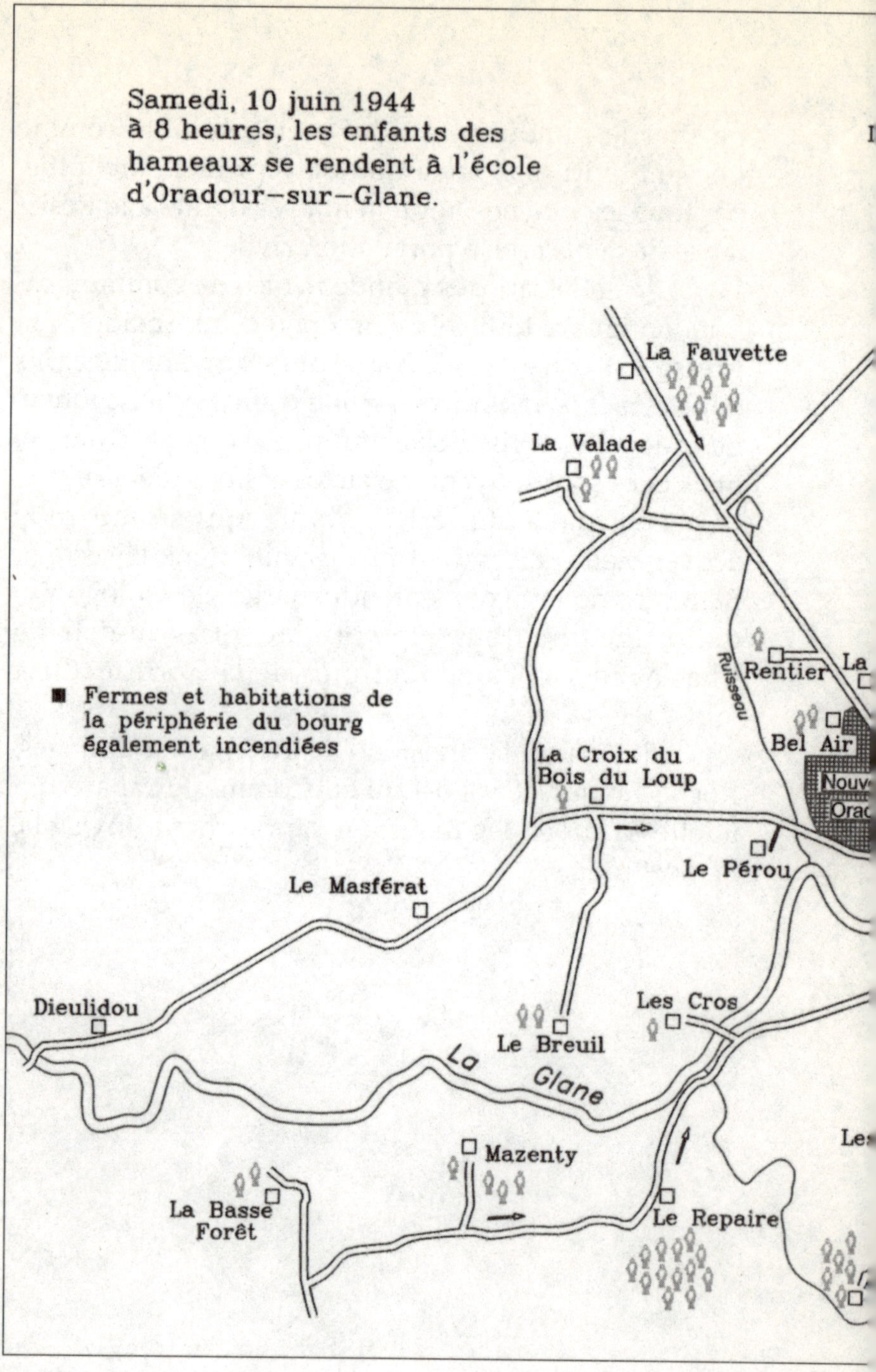

Samedi, 10 juin 1944
à 8 heures, les enfants des hameaux se rendent à l'école d'Oradour-sur-Glane.

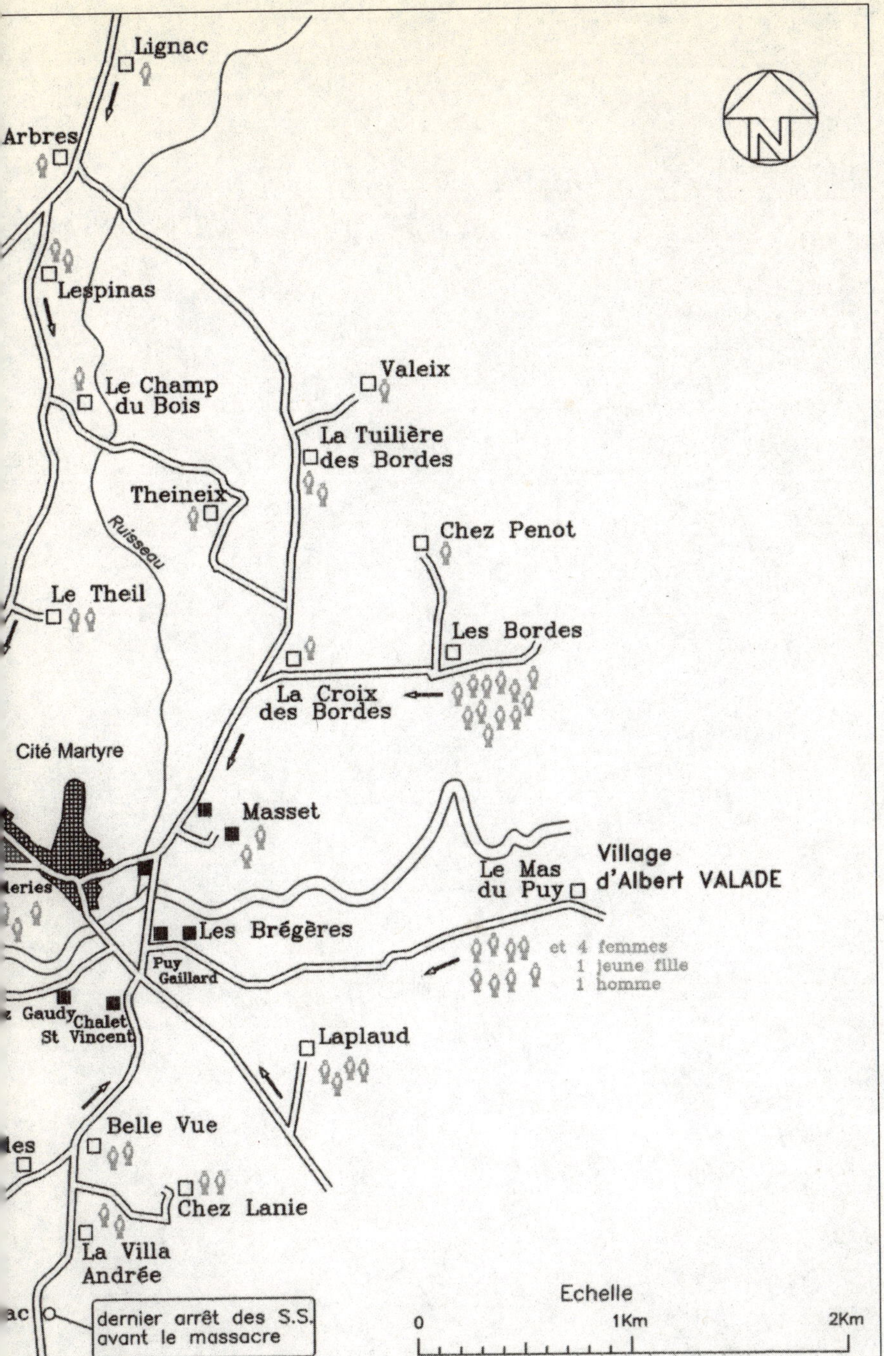
Lignac
Arbres
Lespinas
Le Champ
du Bois
Valeix
La Tuilière
des Bordes
Theineix
Ruisseau
Chez Penot
Le Theil
Les Bordes
La Croix
des Bordes
Cité Martyre
Masset
Village
d'Albert VALADE
Le Mas
du Puy
eries
Les Brégères
et 4 femmes
1 jeune fille
1 homme
Puy
Gaillard
z Gaudy
Chalet
St Vincent
Laplaud
Belle Vue
les
Chez Lanie
La Villa
Andrée
ac
dernier arrêt des S.S.
avant le massacre
Echelle
0
1Km
2Km

10 juin 1944.
Le départ des enfants pour l'école.

Sept heures.

Ce matin, comme d'habitude, René et moi gardons chacun notre troupeau. Nous restons ensemble, car les deux prairies sont côte à côte.

Mon camarade possède deux chiennes. L'une, petite, au poil frisé, de couleur marron : Fleurine. L'autre, une grande noire : Sultane. En plus de la surveillance du troupeau, elles sont habiles à la capture du gibier.

Vers huit heures, venant de Chantelouve, survient un lièvre. Il n'est pas très gros. Fleurine bondit et capture sa proie sans difficulté. René doit intervenir, sinon la chienne abîmerait sa prise. Dix minutes plus tard, un deuxième lièvre arrive, énorme celui-là, mais pas très rapide. Il passe au milieu du troupeau, les vaches surprises par cet intrus s'écartent à son passage. Aussitôt, Sultane se précipite et saisit l'animal à la gorge. Une seconde fois, René n'a plus qu'à prendre le lièvre à la main et à le retirer de la gueule de sa chienne. Tout à l'heure, il rentrera avec son superbe trophée.

Depuis l'occupation allemande, la chasse est interdite, et personne ne doit détenir d'arme à feu. Aussi le gibier est-il nombreux, et chacun de nous est un peu braconnier. À l'occasion, j'accompagne mon vieux voisin et copain, le père Mathieu. Il m'apprend à poser les collets ; c'est un spécialiste : il piège souvent des garennes dans les bois du Puy-Imbart.

*

* *

Huit heures.

Georgette a de longs cheveux brun clair et de grands yeux d'un bleu velouté. À neuf ans, elle est grande pour son âge. Elle a repris l'école depuis peu, après plusieurs semaines d'absence : une chute dans la cour de l'école pendant la récréation, avec, pour conséquence, une coupure importante sur le devant de la jambe droite. La plaie s'est infectée, et la guérison a été très longue. On a craint que le tibia ne fût atteint.

Edmond, de deux ans plus jeune que sa sœur, est brun. Sa peau est légèrement mate, du plus bel effet, avec deux yeux gris toujours rieurs. Lorsqu'il sourit, une fossette se forme au milieu de chacune de ses joues. Il est très mignon, un peu turbulent mais sans plus. Il est le préféré de son grand-père. Trapu, on le taquine parfois en disant qu'il est gros, mais cela ne fait pas plaisir à son arrière grand-mère. Avant de mourir, il y a six mois, elle a dit, comme en reproche à nos plaisanteries : " Il est gros, Edmond, mais il deviendra grand. "

Il n'aime pas beaucoup l'école. Au début, il a souvent piqué une colère le matin avant de partir. Il s'intéresse au jardinage ; hier soir, il a semé deux sillons de haricots. Il a peur des avions. Lorsqu'ils passent à basse altitude, il rentre précipitamment à la maison en criant : " Maman, maman ! un avion ! un bombardier peut-être ? un Boche peut-être ? " En raison de son jeune âge, ses parents ne l'emmènent pas avec eux lorsqu'ils font un voyage, à Limoges par exemple. Il s'en plaint et dit : " Pour moi, Oradour, toujours Oradour. "

Yves est blond, les cheveux vraiment très clairs. C'est un garçon très vivant. Il n'ira pas à l'école aujourd'hui, il dort dans la chambre de ses grands parents. Il a un peu toussé cette nuit, et sa grand-mère insiste auprès de sa maman pour qu'on le garde à la maison : l'année dernière, il a fait une pneumonie.

" Eh bien, si tu veux, qu'il reste. "

Quant à Lucien, à peine trois ans, c'est encore un bébé. Un beau bébé, bien potelé. Sa maman lui donne encore le sein. Elle n'a pu se résoudre à le sevrer, car il pleure très fort. Après une chute, par exemple, il perd son souffle et reste bloqué de longues minutes. Cela s'appelle, paraît-il, le spasme du sanglot. Cette situation fait très peur, et sa maman, pour le consoler au plus vite, lui donne le sein. " Allons, allons, c'est fini. " Et tout s'arrange au plus vite.

Donc, ce matin, seuls Georgette et Edmond partent pour l'école à Oradour. Georgette est vêtue d'une robe à fleurs très mignonne. Elle porte à la main le cartable en cuir qui contient livres et cahiers.

Son frère porte son sac sur le dos, comme une gibecière. Il est chaussé de sandales ajourées : il a quitté les galoches à semelle de bois en début de semaine.

Ils sont accompagnés par six camarades, Arthur, Gilberte, Robert, Pierre, René et Hélène. Aucun d'eux ne s'est muni d'un imperméable, la légère pluie du matin vient de cesser. Certains ont le cœur un peu gros : la fenaison va commencer, la coupe d'une prairie artificielle est prévue pour aujourd'hui, et ils auraient bien aimé être là. Enfin, les vacances sont pour bientôt, et ils se rattraperont.

Les mamans les regardent partir ; ils tournent au coin de la grange, font au revoir de la main et disparaissent au détour de la route.

Au petit déjeuner, Germaine a raconté à sa mère qu'elle avait fait un mauvais rêve cette nuit. " J'ai été arrêtée par les Allemands et je n'ai pas pu m'échapper. " Elle semblait contrariée.

*

* *

Il y a quelques semaines que Camille, du Champ-du-Bois, ne s'est pas rendu à l'école pour cause de maladie, mais il est maintenant guéri. Son frère, admis récemment au Certificat d'études, s'est accordé quelques jours de vacances. Le papa est prisonnier, et les deux garnements font de petites bêtises, ce qui a été le cas hier soir.

" Demain, a dit leur maman, énervée par leur attitude, vous filez tous les deux à l'école, au moins j'aurai la paix. "

Mais il y a le grand-père, sur qui retombent tous les travaux de la ferme. Les deux garçons, malgré leur jeune âge, lui rendent bien des services, et, précisément, demain, il aurait besoin de leur aide.

" C'est bon, dit la mère, mais vous ne perdrez rien pour attendre. Lundi, à l'école ! "

*
* *

A La Tuilière, Paulette, qui se trouvait à l'école le matin, se rend l'après-midi à un mariage dans sa famille.

Son frère aura moins de chance. Garçon boucher, il va aider un collègue à Oradour et sera parmi les victimes.

*
* *

À La Vallade, Christian n'a pas très envie d'aller à l'école aujourd'hui. Il hésite, mais, finalement, se décide à accompagner son jeune frère, Jean, et tous les deux prennent la direction d'Oradour.

*
* *

Aux Bordes, Pierre et Georgette Vauchamp ont une petite fille, Micheline. Elle aura sept ans lundi, le surlendemain. Elle est leur seul enfant. Ils avaient un petit garçon, hélas décédé en bas âge, il y a longtemps. Ils ont reporté toute leur affection sur la petite fille, et elle est sans doute un peu gâtée.

Ce matin, elle ne veut pas aller à l'école. Les parents ne cèdent pas ; on ne peut pas passer à un enfant tous ses caprices, et l'école, c'est important.

" Regarde, tes petits camarades sont prêts à partir. Arrête de pleurer et va les rejoindre, dit le père. C'est demain dimanche, on fêtera ton anniversaire, et les grandes vacances arrivent. Allez, à ce soir, ma chérie. "

Tourmenté par le remords d'avoir fâché sa petite fille, Pierre se rend, un peu avant midi, à Oradour. Il achète un gâteau à la pâtisserie et le porte à l'école à sa petite fille. Il l'embrasse et fait demi-tour.

" À ce soir. "

*

* *

Au Repaire, Marcelle Bureau rend service à des exploitants agricoles en surveillant leur troupeau de bovins. Ces gens, en retour, la ravitaillent en légumes : pommes de terre, haricots, etc., et, luxe suprême en cette période de restrictions, du pain blanc fabriqué à la ferme.

Ce matin, elle conduit le troupeau à la prairie. Les enfants du village qui se rendent à l'école l'accompagnent et font route avec elle jusqu'à Bournet, lieu de destination des bestiaux. Alors que le groupe d'écoliers s'éloigne déjà, elle rappelle Fernand, son petit garçon, et lui remet un morceau de ce bon pain. " tiens, tu le mangeras à la récréation. "

Ce sera le dernier geste de tendresse de cette maman pour son enfant.

Le Mas-du-Puy, dix heures.

Revenu à la ferme, je suis étonné de retrouver Marcel : il avait prévu de se rendre chez le coiffeur, à Oradour. Devant la légère pluie, il a renoncé à sa sortie. Il a dit à sa tante : " Il ne fait pas très beau, j'irai chez le coiffeur cet après-midi .

– Tu es bien un villaud, pour avoir peur de deux gouttes d'eau ", ai-je plaisanté gentiment.

Jean Moreau, un voisin, revient du bourg. Sur le porte-bagages de son vélo, il ramène la moitié d'un sac de ciment, commandée par son patron, qu'il a prise chez le cimentier Dagoury.

À l'épicerie où il a fait des achats, René Mercier lui a dit : " Vous avez de la chance d'habiter le Mas-du-Puy, l'endroit est bien caché ! "

Ce matin, à l'aller, il a dépassé, à la hauteur de la route du moulin, le groupe d'écoliers en route pour le bourg, parmi lesquels se trouvait son petit garçon, Robert. Sachant son fils très enrhumé, il lui a conseillé de revenir à la maison, mais Robert a voulu suivre ses camarades.

Jean est un peu troublé par la réflexion de l'épicier. Pourquoi lui a-t-il dit cela ? Enfin, ça ne veut rien dire de précis.

Les Bordes.

Aux environs de midi, Marie Ballot vient à la rencontre d'Aimée, sa fille, et d'Irène, sa petite fille.

Le rendez-vous est à l'endroit appelé Le Terme de Valliers, en face de la ferme de Masset. Chaque jour, Marie apporte ici le déjeuner qu'elle a préparé pour les enfants. L'endroit est situé à peu près à mi-distance de l'école et de son domicile. C'est l'occasion d'un pique-nique sur l'herbe, qui enchante les deux petites filles.

Marie Ballot revient ensuite chez elle, aux Bordes, et partage le repas avec son mari, son fils André et une autre fille qui a quitté l'école depuis peu.

Jean, son mari, est maçon. Il travaille au bourg, à la construction de la maison de Fernand Hyvernaud, le marchand de bestiaux. André est clerc de notaire à l'étude de maître Montazeau. Chacun regagne son lieu de travail aussitôt après le repas. Ni l'un, ni l'autre, ni les enfants, ne réapparaîtront.

Le Mas-du-Puy.

Vers quatorze heures, Marcel se prépare à partir, cette fois pour de bon. Il n'arrive pas à gonfler les pneus de sa bicyclette, c'est Baptiste qui s'en charge.

" Je ne sais pas ce que j'ai, dit-il à ma mère, je suis énervé comme il n'est pas possible. "

D'un tempérament inquiet, elle lui aurait habituellement conseillé de ne pas partir, mais, cette fois-là, elle n'a rien dit.

Marcel enfourche le vélo et se dirige vers Oradour.

Enfant de Dieu par le **Baptême**;
Témoin du Christ par la **Confirmation**;
Je serai fidèle par la **Sainte Communion.**

DIOCÈSE DE LIMOGES

Paroisse de Oradour sur Glane

Nom : Bureau

Prénoms : Fernand

Baptême le

à Oradour sur

Confirmation le 18 Avril 44

à Oradour sur

Première Communion le

à

Communion solennelle le

à

Consécration le
au **Cœur Immaculé de Marie** que je prierai tous les jours et qui protégera ma famille.

à Fernand Bureau
pour
son assistance régulière
au
Mois de Marie
au Repaire.

Oradour-sur-Glane
le 22 mai 1944.
J. Lorich,
curé de Charly.

Fernand BUREAU cité 43
L'Abbé LORICH curé lorain sera parmi les victimes

L'arrivée des S.S.

Dans la matinée, s'est tenue, à l'Hôtel de la gare, à Saint-Junien, une réunion entre les officiers SS. et, sans doute, la milice et la Gestapo. L'état-major de la SS. a prévu, dans le cadre de la guerre totale, d'anéantir une localité de la région. Celle-ci est à présent choisie : ce sera Oradour-sur-Glane. On règle les détails de l'opération.

De Saint-Junien, vers treize heures trente, la sinistre colonne s'ébranle, par la nationale 141, en direction de Limoges. Au Loubier, à l'intersection de la route de Saint-Victurnien, elle tourne à gauche et prend la direction d'Oradour-sur-Glane. Dernière halte, à deux kilomètres du centre du bourg, à la hauteur de l'allée bordée de sapins qui conduit à Orbagnac, à proximité de la Villa Andrée et de la ferme des Brandes, tout près du lieu-dit Belle-Vue. Les officiers donnent les dernières instructions.

" Nous allons cerner le pays. Ensuite, nous pénétrerons dans le village. Celui-ci doit être détruit entièrement, et pas un habitant ne soit sortir vivant[1]."

---

1. Barth, lors de son procès à Berlin, en mai 1983.

Aussitôt, un groupe se déploie en large cercle, tandis qu'un autre pénètre chez les familles Bardet, Miozzo et Lamaud. Les gens sont encore à table, la surprise est totale. Ils raflent tout le monde, hommes, femmes et enfants.

Chez Lamaud, il y a neuf personnes, dont une petite fille de quatre ans.

Les Miozzo sont des émigrés italiens. Ils sont huit, la maman et ses sept enfants, dont un petit garçon en bas âge. Trois des enfants sont à l'école à Oradour, depuis le matin. Le fils aîné, Bruno, est en situation irrégulière : il est réfractaire au STO. D'ordinaire, il se cache. Le jeudi de l'Ascension, alors que nous allions, avec Marcel, à la frairie de Saint-Victurnien, il était sorti tout effrayé d'un fourré, alors que nous passions devant sa ferme, et nous avait parlé de sa situation de clandestin. Marcel était dans le même cas, mais, muni de faux papiers, se déplaçait à peu près librement. Bruno avait été étonné de son audace. Aujourd'hui, il est chez lui, et il est pris avec toute sa famille.

A la Villa Andrée, les Bardet sont presque aussi nombreux.

Les SS. conduisent tout le monde à Oradour, à pied, comme du bétail.

Les gens de Chez Lanie ont entendu protester monsieur Lamaud, handicapé à la suite d'une blessure à la jambe pendant la guerre de 1914-1918.

Un peu plus loin, Marie Mercier, de Puy-Gaillard, ramasse de l'herbe pour ses lapins dans un champ près de la route. On va la chercher et on l'intègre au groupe. « *Schnell...* » Direction Oradour. Le panier et la petite bêche dont elle se servait resteront sur place très longtemps, témoins muets, abandonnés parmi les herbes de l'été.

*
* *

Amélie, de Chez Lanie, coupe de l'herbe avec Jean, son beau-frère, lorsque surgissent les Allemands. Amélie n'a pas une bonne vue. Tout d'abord, elle ne distingue pas bien ces soldats aux habits couleur de salamandre. Jean, lui, a compris. « Ne bouge surtout pas, dit-il, continue à travailler. »

L'un des SS. sort de sa poche une sorte de plan, sans doute une carte d'état-major, et examine les lieux. Il observe une ligne électrique et ne la dépasse pas. Amélie et Jean se trouvent de l'autre côté de la limite. Est-ce à cause de cette précision que le soldat les ignore ? Ouf.

Ils étaient nombreux, se souvient Amélie. Ils franchissent les haies en courant et continuent leur progression en tirailleurs. Aussitôt leur destination atteinte, ils lancent des fusées pour signaler leur position.

Pendant ce temps, un autre groupe a progressé de la même façon, depuis Belle-Vue, vers la route du Repaire. Des véhicules ont traversé le bourg et pris position du côté nord, dans la direction de Javerdat. Là aussi, un cordon de sentinelles est mis en place, et des fusées sont utilisées en confirmation de leur arrivée.

D'autres véhicules remplis de soldats sont arrêtés près de Puy-Gaillard. Le commandant Dickmann gagne avec son état-major la route des Bordes, où il installe son P.C.

La rafle continue : les habitants du Chalet Saint-Vincent, des Brégères, de Puy-Gaillard et de Chez Gaudy, où habite madame Rouffanche, c'est-à-dire trente personnes au moins, sont conduites au centre du bourg, place du Champ de Foire, de la même manière, sans ménagements.

On arrête de jeunes cyclistes qui, pour leur malheur, passent à ce moment-là.

*

*   *

Roger Coldebœuf, dont la mère habite le quartier de l'église, garde les vaches de son employeur du village des Cros. Il aperçoit, dans un champ, un soldat qui déploie “une grande feuille de papier”, en réalité une carte d'état-major. Curieusement, cela le fait penser à un peintre qui installerait son chevalet. Il est surpris, mais ne s'inquiète pas outre mesure.

*

*   *

Martial Deglane et son épouse Maria habitent les Bordes, route du Moulin. Ils ont quatre enfants, trois filles et un garçon. L'aînée, Jeanne, habite à Limoges avec son mari René, employé à la Trésorerie.

Depuis quelques semaines, elle réside chez ses parents. Elle est enceinte, et, d'un commun accord, on a décidé qu'elle viendrait accoucher ici où tout est calme, alors qu'à Limoges on craint des bombardements. Aux Bordes, elle retrouve ses deux sœurs, Andrée et Solange, ainsi que leur jeune frère, le petit dernier, René. Il y a aussi Madeleine, une petite cousine que ses parents, qui sont à Paris, ont confiée à cette famille par mesure de sécurité. A huit heures, René par pour l'école, accompagné, comme chaque jour, de sa petite cousine Madeleine.

*

* *

Daniel Senon demeure à Puy-Gaillard, une petite agglomération de trois maisons située un peu avant l'entrée du bourg, à l'intersection de la route du Mas-du-Puy. Daniel est facteur intérimaire. Il a terminé la tournée de distribution du courrier et s'apprête à retrouver Andrée, avec laquelle il a rendez-vous. Andrée est employée au bourg, chez Michel Avril.

Les deux jeunes gens se rejoignent à la sortie du pays et prennent un raccourci, un chemin creux, vers la ferme de Masset. Soudain, des balles sifflent au-dessus de leurs têtes, tandis qu'ils entendent des tirs d'armes automatiques. Affolés, ils continuent en courant, sur le chemin appelé "chemin des morts[1]",

1. Ainsi appelé parce qu'emprunté autrefois à l'aller lors des enterrements, par opposition à celui emprunté au retour, désigné lui par "chemin de la vie".

qui aboutit aux Bordes, en face de la demeure des parents Deglane, où ils arrivent, essouflés et apeurés.

*
* *

Aux Brégères, Marcel Bélivier se prépare pour se rendre au bourg à une leçon de musique. Avant qu'il ne parte, son père lui demande de faire têter un petit veau, et ils se dirigent ensemble vers l'étable, quand ils aperçoivent trois ou quatre camions militaires venant de la route de Saint-Victurnien. Intrigués, ils s'approchent un peu pour voir ce qui se passe. Leur voisin, monsieur Juge, en fait autant. Après quelques minutes, deux véhicules remontent du bourg, tandis que les Allemands arrivent à pied, traversent la route en ordre et se postent au milieu du pré. Ils sont peut-être cinquante ou soixante[1]. Un gradé les fait mettre sur trois rangs et leur braille des ordres.

Le père et le fils sont à cinquante mètres et entendent clairement, mais, hélas, ne comprennent pas ce qui se dit. Tout à coup, les soldats rompent les rangs et se dispersent en tous sens, au pas de course. Ils se précipitent vers Marie-Louise, une jeune employée de maison chez monsieur Juge, et qui lavait du linge à la pêcherie[2] du pré, et l'emmènent sans explications.

1. Témoignage de monsieur Bélivier.
2. Petite retenue d'eau.

« Que veulent-ils faire de cette jeune fille ? se demande monsieur Bélivier père. Enfin, allons faire notre travail. ». Il part sur le chemin derrière la grange, mais les SS. l'ont déjà cernée. Il ne peut passer et fait demi-tour. La maman Bélivier crie à Marcel : « Cache-toi ! » Son autre fils Lucien est en Allemagne, au titre du STO, et elle est inquiète pour celui-ci.

Puis tout se passe très vite. Les SS. se saisissent des parents et des deux filles, Alice et Marie-Louise, ainsi que de la grand-mère. Marcel bondit dans l'étable et se cache sous la litière des vaches. Deux soldats entrent, à sa recherche, mais n'insistent pas trop. Ils vont fouiller une vieille maison attenante, pensant sans doute le trouver à l'intérieur.

Marcel profite de ce répit pour monter se tapir dans le grenier à foin, la *barge*.

*

*   *

La famille Villéger habite Masset, une ferme située à huit cents mètres du bourg, séparée de la rivière, la Glane, par une grande prairie, face aux Brégères. Deux grands garçons, Guy et Henri, sont partis dès le matin, avec une paire de bœufs attelés à une charrette, pour se rendre à Bournet, de l'autre côté du bourg, vers Le Repaire. Ils doivent couper des herbes sèches pour faire la litière des animaux, et ils ont aussi prévu de ramener un chargement de fagots. Ils emportent un repas froid, car ils rentreront dans l'après-midi. Leur camarade Serge les accompagne. Il habite Avignon, mais son père, considérant la campagne limousine comme plus sûre, en cas d'événements, que la ville d'Avignon, a confié son fils, pour l'été, à son ami Jean Villéger. Charles, le jeune frère de Serge, est lui-même hébergé au bourg.

Vers onze heures, Jean Villéger, conduisant un second attelage, destiné celui-ci à contenir la litière, part pour rejoindre les trois jeunes gens.

Deux autres garçons, André et Amand, sont à l'école à Oradour. La maman, Marguerite, et ses trois filles, sont à la maison : Odette n'est pas à l'école avec ses frères à cause d'un problème aux yeux, Hélène, la toute dernière, dort paisiblement dans son petit lit.

Vers quatorze heures, Renée, aînée des filles, est sur le pas de la porte. Elle voit des soldats qui montent vers la ferme par le pré, après avoir traversé la Glane sur un tronc d'arbre faisant office de passerelle. Très surprise, elle pense à des gars du maquis qui viendraient se ravitailler à la ferme. On a entendu dire que certains se rendaient ainsi chez les agriculteurs quand ils manquaient de vivres. Mais, bientôt, elle réalise que ce sont des Allemands. Brusquement, l'un d'eux met un genou à terre et pointe son fusil dans sa direction. Prise de panique, elle appelle sa mère. « Maman, c'est les Boches ! Ils vont nous tuer !

— Lève vite ta sœur, réagit la mère.

— Prends ton sac à main, dit Renée.

La maman ne retrouve pas son sac, elle n'a pas le temps.

Vite, Renée, sa petite sœur dans les bras, la maman, suivie par Odette flanquée de son petit chien, sortent par une porte à l'arrière de la maison. Elles gagnent un petit champ séparé de la ferme par un mur, le coudert.

Les SS. sont déjà dans la maison. On les entend fouiller partout, recherchant les habitants. Heureusement, le coudert est couvert de broussailles et de grands genêts. A l'endroit le plus touffu, elles se blottissent avec le petit chien, les unes contre les autres, et restent immobiles.

*

* *

Jacques Boissou habite à La Croix-des-Bordes, une maison à un kilomètre cinq cents d'Oradour. Il a quinze ans. Il a pris le repas avec ses parents et il est sorti faire une petite promenade ; il fait beau en ce début d'après-midi et Jacques flâne, insouciant.

Son père est parti raccompagner une tante qui était venue leur rendre visite, sa mère et sa grand-mère sont à la maison. Sa sœur Jeanne, dès la fin du repas, est repartie à l'école. On voulait pourtant qu'elle reste là : c'est un samedi, et l'année scolaire s'achève. Sa maman lui a dit : « Si tu veux, tu peux rester là. » Mais Jeanne a répondu : « J'ai une composition, je dois y aller. » Par conséquent, elle est à l'école à Oradour, comme tous les enfants d'âge scolaire de la commune.

Tout à coup, Jacques aperçoit un voisin, Hippolyte Redon, sur sa bicyclette. Il pédale de toutes ses forces, il vient d'Oradour. En passant sans ralentir, complètement affolé, près de Jacques, il lui crie : « Sauve-toi ! Partez vite, les Allemands sont à Oradour, ils arrêtent tout le monde, ils ont tiré sur moi, ils sont à mes trousses ! »

Jacques voudrait prévenir les voisins, monsieur et madame Sage, mais les SS. sont déjà là. Ils le voient et se lancent à sa poursuite.

Jacques est remuant ; quelquefois, à l'école, l'instituteur l'appelait "l'énervé", mais il n'est pas seulement nerveux, Jacques, il est surtout vif et agile. Il bondit et traverse la route. Les SS. le suivent et tirent à la mitraillette dans sa direction. Il a eu le temps de les apercevoir. « Ils étaient très jeunes, presque aussi jeunes que moi », dira-t-il plus tard.

Il pénètre dans un champ de blé ; il n'a pas été atteint par les balles et croit leur avoir échappé. Mais d'autres SS. surviennent, avec une automitrailleuse. Alors, il sort du champ de blé, franchit une haie et traverse un chemin, un autre champ. Puis un grande prairie se présente, entièrement à découvert. En toute logique, il n'a aucune chance. Il continue à courir, et les Allemands continuent à tirer. Les balles sifflent autour de lui. A chaque instant, il s'attend à être touché. Mais il n'a pas le temps de réfléchir.

Comme la plupart des garçons à cette époque, il est chaussé de sabots de bois. Ce n'est pas l'idéal pour courir, mais il ne sent pas ce qu'il a aux pieds et il poursuit sa course folle et désespérée. Il saute et se baisse. On dirait qu'il sent lorsqu'il faut se baisser ; il repart, il se baisse encore, les balles passent au-dessus de sa tête en miaulant. Enfin, il atteint un petit bois, il passe entre deux arbres. Encore une rafale et les balles se fichent dans chacun des arbres à côté de lui. Cependant, dans le bois, les SS. perdent sa trace et abandonnent la poursuite. Il est sauvé !

Au hameau du Theil, où Jacques s'est réfugié, on a du mal à croire à son histoire, on n'a pas encore entendu de coups de feu. On a bien vu des soldats allemands dans les champs, mais on a pensé à des manœuvres. cependant, là aussi, des Allemands surviennent bientôt. Jacques, encore en transes, se cache dans la ferme de la famille Colin.

« Décidément, je ne leur échapperai pas. Ils sont partout. »

— Ne t'inquiète pas, dit la fermière, je vais bloquer la porte avec mon pied, tiens, regarde, comme ça…

Toutefois, ici, personne ne sera arrêté. Cet endroit ne faisait sans doute pas partie du périmètre à investir.

*

* *

L'été dernier, Antoine Lavergne est rentré d'Allemagne où il était prisonnier depuis 1940. Il a été libéré pour des raisons sanitaires et a retrouvé sa famille avec la joie que l'on imagine. Pour lui et les siens, c'était la fin d'une longue épreuve. Ce samedi, avec son père, Jean Lavergne, et leur domestique, Adrien Duvernet, ils sarclent des plants de pommes de terre dans un champ entre Teinex et Le Theil.

Le beau- frère de Jean, Antoine Montazeau, est avec eux à la ferme depuis le début de la semaine ; c'est un mutilé de guerre, qui a perdu un œil en 14-18. Son gendre, André Richard, arrivé ce matin de Limoges par le tramway, est venu le rejoindre. Tous deux doivent repartir le soir par le même moyen.

Les cinq hommes sont réunis dans le champ. Ils ont avec eux un attelage, bœuf et charrette, pour ramener du fourrage aux bestiaux. Habituellement, Louise Lavergne, la maîtresse de maison, participe aux travaux des champs, mais, aujourd'hui, elle est restée à la ferme pour préparer du savon et faire la lessive. On mange tard chez les Lavergne, mais il est plus de quatorze heures ; les hommes pensent au *marendou*[1] et s'apprêtent à partir.

Soudain, des coups de feu claquent : c'est Jacques Boissou qui passe, à quelques centaines de mètres. Il court à toutes jambes, poursuivi par des SS. avec une automitrailleuse. Brusquement, le véhicule, renonçant à poursuivre le jeune homme, se dirige vers eux. Les SS. font monter les cinq hommes dans leur engin et les conduisent à Oradour où ils seront massacrés avec tous les autres. Ils en ont manqué un, ils en récupèrent cinq.

Antoine et Louise ont un unique enfant, Gilbert. Il a obtenu le Certificat d'études, mais il n'a pas encore quitté l'école, où il est responsable de la

1. Repas de midi.

bibliothèque, et il vient de partir. Il doit aussi assister à la leçon de musique du professeur Tournier. Sa maman lui a dit : « Il est temps, tu vas être en retard. »

En route, Gilbert rencontre une voisine. Il l'invite à monter sur le porte-bagages de son vélo, pour qu'il la conduise. La route est en pente, et il ne peine pas pour emmener sa passagère jusqu'à l'entrée d'Oradour, où il la dépose. Les deux jeunes gens ne se reverront plus.

A la ferme, Louise et sa belle-mère ont préparé le repas et attendent l'arrivée des hommes. Après de longues minutes, les bœufs et leur attelage arrivent seuls. Un voisin aide Louise à dételer les animaux. Au comble de l'inquiétude, elle se rend au champ, où elle découvre les habits que les hommes avaient quittés pour travailler, mais aucune trace d'eux. Seuls les outils gisent à terre.

*
*   *

Martial Thomas habite à l'entrée des Bordes, tout près de chez Boissou. La famille est à table quand des détonations retentissent. Hippolyte Redon passe à bicyclette sans ralentir.

« Partez vite, les Allemands sont à Oradour, ils arrivent ! »

Martial réalise tout de suite qu'il y a danger : il a fait la guerre, et il comprend qu'il s'agit de tirs de mitrailleuses. Une chenillette arrive par la route et se dirige vers eux.

« Vite, partons ! »

Son épouse voudrait emporter quelques affaires.

« Non, non ! Allez, partons. »

Abandonnant tout, la famille part en courant, traverse la route, gagne le bois en face, prend le chemin de Masset et se dirige vers le bas du village pour se rendre chez Victor, le frère de Martial.

Quelques instants plus tard, les Allemands pénètrent dans le domicile vide, cherchant manifestement les occupants.

*

* *

Mathilde Lévêque habite Veyrac, une commune voisine. En début d'après-midi, elle se rend à Oradour pour faire des achats. Oradour est réputé pour ses nombreux commerces.

Amélie Chapeau et sa sœur Marguerite partent elles aussi pour Oradour. Elles veulent acheter de la laine à la filature de monsieur Barataud, à la Maillerie.

Eugénie Gautheyroux, du village de La Plaine, se rend aussi à Oradour pour des achats.

Nul ne retrouvera ces quatre femmes.

Les maris d'Amélie et de Marguerite sont prisonniers. Ils ne retrouveront pas leurs épouses à leur libération.

*

* *

A Orbagnac, Marie-Yvonne Lévêque vient d'avoir vingt ans. Sa maman voudrait faire un gâteau, mais elle manque de levure.

Marie-Yvonne se propose d'aller en chercher au bourg. « Je n'en ai pas pour longtemps, Maman. » Elle monte sur sa bicyclette et part, après avoir fait un signe d'affection à son père qui se trouve dans le champ à côté. Sa maman attendra vainement son retour et regrettera jusqu'à son dernier jour d'avoir voulu faire un gâteau ce samedi 10 juin.

Marie-Yvonne était leur unique enfant.

*

*   *

Hélène Georges, du même village, se rend aussi à Oradour, comme souvent le samedi, pour faire des provisions. Madame Rouffanche, l'unique rescapée de l'église, l'aperçoit à son arrivée dans le lieu saint. Elle dira qu'elle a été la dernière personne à y entrer, et qu'elle semblait sans crainte. Pourtant, elle avait une véritable terreur des Allemands. Un jour, en promenade à Limoges, en compagnie de sa sœur et d'une amie, un Allemand s'était adressé à elles ; il demandait simplement le nom d'une rue. Prise de panique à la seule vue du soldat, elle avait fui à toutes jambes, et sa sœur avait eu beaucoup de difficulté à la rejoindre.

ORBAGNAC

TRAVAUX D'ÉCOLIERS

1942 - Ecole d'Oradour-sur-Glane (école de garçons)
Instituteur Monsieur Léonard ROUSSEAU

Compositions d'Avril 1942

Français

Au bord d'un ruisseau, deux enfants jouent avec un jeune chien. Ils décident de lui faire prendre un bain.

Racontez leurs tentatives et terminez à votre gré

Développement

Dimanche dernier, Pierre et André au bord de la glane jouaient avec un chien, ils voulaient lui faire prendre un bain.
Ce chien s'appelle médor. Pierre tenait un morceau de pain, et disai à médor: «Tu vois ce morceau médor si tu sautes dans l'eau, tu l'auras je te le jeterai, allez! saute, regarde comme il doit être délicieux à manger».
Médor voulait bien sauter en passa au morceau de pain, mais il

TRAVAUX D'ÉCOLIERS

1943 - Ecole de garçons

Samedi 8 Mai 1943

Dictée

travaux d'été.

On était à l'époque des longues journées.
Pour les hommes, un travail n'attendait
pas l'autre. les betteraves à planter, les
foins à rentrer, la terre à préparer pour
les choux d'hiver. jamais on ne serait prêt
pour la moisson, car les avoines mûrissai-
ent trop vite rôties par un coup de soleil.

Pour les femmes, c'était le moment de
préparer les couvées tardives et de sevrer les
porcelets ~~ex~~ nés au printemps toutes besognes
1 très minitieuses (minutieuses). C'était surtout le mo-
ment redouté des cuisinières où il fallait,
orth: 8 avec des légumes et un peu de lard, préparer
quatre repas copieux à cause du grand
travail.

Questions:

1º A quels mois de l'année ~~de~~ placeriez-vous
les grands travaux dont ils (est) parlé dans la
dictée?

2º expliquez: « sevrer - minitieux - copieux »

TRAVAUX D'ÉCOLIERS

1943 - Ecole de garçons

Mardi 2 février 1943

Grammaire

mon petit dogue

0 fte

J'avais un petit dogue qu'on appelait Boulke. Il était entièrement noir, sauf au bout de pattes qui était blanc. La machoire inférieure s'avançait tellement, qu'on pouvait mettre le doigt entre les deux rangées de dents.

Son museau était large. ses yeux étaient grands noirs et brillants; ses incisives et ses canines blanches étaient sans cesse découvertes. Il ressemblait à un nègre; il n'était pas méchant et ne mordait point; mais il était singulièrement vigoureux; quand il s'accrochait à une chose il serrait si fort les machoires, qu'il restait suspendu; on ne pouvait lui faire lâcher prise. Tolstoï

Le Mas-du-Puy

Jean Valade, mon père, fait la sieste, la tête appuyé contre la table. Il souffre de sciatique. Brusquement, nous entendons des détonations : le bruit vient de la direction d'Oradour. Réveillé en sursaut, mon père me dit : " Tu entends, ce sont des rafales de mitrailleuse. " Des rafales de mitrailleuse, mais pourquoi ? Que se passe-t-il ? Peut-être les Allemands ont-ils rencontré un groupe de résistants ? Pourtant, cela est bien improbable. L'inquiétude s'installe ; puis le bruit des armes s'atténue.

Le beau-frère de Jean Moreau arrive des Bordes. Là-bas non plus, on ne sait pas ce qui se passe à Oradour. Cependant, des rumeurs circulent.

" Avez-vous appris quelque chose ? Ces coups de feu, c'est quoi ?

– On ne sait pas, il paraît qu'ils arrêtent des gens, des jeunes.

– Ils arrêtent des gens, pourquoi ? "

On n'entend plus de tirs, on veut se rassurer. C'est peut-être terminé ?

Vers seize heures trente, je conduis mon troupeau paître au bord de la Glane.

Germaine est assise dans la cuisine, face à la fenêtre ouverte. Elle coud des gants.

" Ne mène pas trop vers là-bas, on ne sait jamais. Va plus tôt de l'autre côté, me dit-elle, désignant un champ situé à l'opposé.

– Oh, sans doute. "

C'est la dernière vision que je garderai de ma sœur, jeune femme à sa fenêtre, cousant des gants et inquiète pour moi.

Pour autant que je me souvienne, elle portait une robe blanc cassé à rayures grises. Je me rappelle surtout son petit foulard, genre crépon, vieux rose.

De dix ans mon aînée, elle avait été, d'après mes parents, ravie de la venue d'un petit frère. Je la revois, très dynamique, monter en voltige sur son vélo quand elle se rendait au bourg. Elle était ma marraine. Je me souviens de sa beauté et de son regard profond, un peu triste.

À peine suis-je arrivé à la prairie qu'une forte explosion retentit, et la fusillade reprend, de plus en plus intense. On entend d'autres explosions, qui semblent être celles de grenades.

Seul avec mon troupeau, la peur me tenaille. Les tirs résonnent dans ma poitrine comme si je recevais des coups. Mais je ne sais toujours rien du drame qui se déroule.

Lucien[1] Valade est assis dans la cuisine. Il est fatigué, il faut que Maria[2] aille donner à manger aux veaux à l'étable.

---

1. Jean. Mais on l'appelle communément Lucien.
2. Marie Valade.

La fusillade se poursuit, effrayante. Les enfants ne sont pas rentrés de l'école. L'angoisse étreint la famille, et le village entier.

Germaine fait des allées et venues de plus en plus fréquentes jusqu'au bord de la route dans l'espoir de voir revenir quelqu'un, en vain. (Ils doivent avoir bien peur, ces enfants.) Elle a déjà manifesté le désir de se rendre à Oradour pour les ramener. Sa mère tente de la dissuader.

" Où vas-tu ?

– Ah, je vais là-bas.

– Tu t'inquiètes toujours ", dit-elle, agacée.

Sa mère part à regret soigner les animaux.

Lucienne Thomas est une belle jeune femme brune. Son mari est prisonnier. Leur petit garçon, René, est à l'école. Très inquiète elle aussi, elle veut aller voir ce qu'il en est. Sa belle-mère, Marie, une femme aux longs cheveux blancs, est elle-même bien décidée. Son second fils est également prisonnier. Elle s'adresse aux autres :

" Il y a quatre ans que certains sont là-haut, en Allemagne, et ils ne les ont pas mangés ! "

Elle se rend chez les voisins Vevaud, dont deux enfants sont concernés.

" Venez, Léonie, allons voir ce qui se passe. "

Léonie, la maman, est assise, l'air pensif, sur un banc devant sa maison. L'angoisse l'a rendue silencieuse. Elle se lève sans un mot, mais sans hésiter, et les deux femmes prennent à pied la direction d'Oradour.

Germaine les voit partir. Elle est allée encore une fois sur la route, avec son plus jeune enfant dans les bras. Elle remet le petit garçon à son mari, qui voudrait l'empêcher de partir.

" Les autres y vont pour les leurs, moi, j'y vais pour les miens. "

Elle revient à la maison prendre sa bicyclette. Son père essaie lui aussi de la retenir.

" Ah, si tu les connaissais comme je les connais, tu n'irais pas.

– Oui, père, mais j'y vais. Ne le dis pas à ma mère. "

Vite, elle remonte sur son vélo et rejoint Lucienne qui, elle aussi, est partie à bicyclette. Personne ne les reverra.

Au bout de très peu de temps, la maman est de retour de l'étable.

" Elle est partie ?

– Oui, elle est parie. "

C'est un choc. Elle a le pressentiment qu'elle ne reverra pas sa fille.

Marie Ratier, d'Orbagnac, est dans la même situation. Sa fille Annie, âgée de cinq ans, est à l'école. Raymond, son mari, est prisonnier. Marie, comme celles du Mas-du-Puy, n'écoute que son devoir de mère et se rend à Oradour.

André Foussat, meunier au moulin du Repaire, arrive aux Bordes à bicyclette. Il revient de Cieux où il a procédé à des recouvrements auprès de ses clients. Il s'arrête chez Martial Thomas ; la maison est vide. Il continue, et, un peu plus loin, demande ce qui se passe. Hippolyte et Pierre Redon l'informent : la famille Thomas a fui à l'arrivée des Allemands et se trouve chez Victor.

André Foussat et Martial Thomas se connaissent depuis longtemps. Le fils aîné de Martial est employé au moulin.

" Je suis entré chez toi. Il y a quelques dégâts, mais rien de grave. "

Il veut rentrer chez lui, au Repaire.

" Tu ne devrais pas passer par Oradour, lui dit Martial. Je t'assure que c'est dangereux, ils tirent sur les gens. "

André est confiant, et n'écoute pas les conseils de son ami.

" Je vais agiter mon mouchoir, et je parlementerai. Je garderai ton fils cette nuit, puisque tu crois qu'il y a du danger à circuler. "

Il se dirige vers Oradour. Martial tente une nouvelle fois de le retenir ; il l'accompagne jusqu'à la route et observe. Quelques minutes plus tard, on entend, vers Le Terme de Valliers, une rafale d'arme automatique. André Foussat s'écroule, blessé à mort, son vélo à la main.

Plusieurs personnes seront abattues à proximité de cet endroit, de la même façon : Michel Avril, qui rentrait chez lui à Oradour, Henri Villoutreix, qui regagnait son domicile aux Carderies, François Duvernet, du hameau de Chez Penot, qui recherchait son petit garçon René, écolier, Pierre Raymond, cultivateur à Valeix, qui s'inquiétait pour sa petite fille Aline, écolière.

La page de catéchisme

Vers dix-huit heures, une fumée apparaît, une fumée épaisse qui obscurcit le ciel. Des feuilles de papier et des lambeaux de tissu calciné s'émiettent en tombant au sol.

Apportée par le vent, une feuille noircie, mais un peu moins calcinée, tombe près de moi. On peut encore très bien lire ce qui y est écrit : c'est une page d'un livre de catéchisme. L'église d'Oradour brûle.

Je me souviens, à cet instant, que nous y avions assisté à la messe de minuit. Ma mère tenait à la célébration de la Nativité. On disait, dans sa jeunesse, que cette messe remplaçait toutes celles de l'année. Je me rappelle notre retour joyeux, en groupe, vers le village. En nous attendant, mon père avait préparé du salé et des boudins. Nous avions réveillonné.

Toujours ce bruit d'armes automatiques, un bruit de mort, qui porte au cœur.

De plus en plus angoissé et effrayé, je rentre mon troupeau. Lorsque je regagne le village, ma mère m'apprend le départ de ma sœur. Une anxiété folle s'est emparée de nous tous.

Oradour est un gouffre dont on ne revient pas. Les enfants le matin, Marcel en début d'après-midi, et maintenant ma sœur et les autres mamans.

Des nouvelles rassurantes, mais fausses, hélas, circulent : il ne faut pas trop s'inquiéter, ils gardent, paraît-il, les enfants vers Dieulidou, en attendant... De l'autre côté de la commune, on dit que les enfants sont peut-être vers le Mas-du-Puy. Etc...

*

* *

Marguerite Villégier et ses filles sont toujours blotties dans les broussailles. Le temps passe, puis une fusillade nourrie éclate ; les balles crépitent contre le mur de clôture. " Surtout ne criez pas. Si vous êtes touchées, ne pleurez pas ", recommande la maman. Les tirs s'estompent, mais se poursuivent plus loin. On entend aussi de fortes explosions. Vers le soir, des flammes apparaissent. La ferme brûle, on sent la fumée. Les SS. sont tout près, ils peuvent les découvrir, mais le chien n'aboie pas, les enfants ne pleurent pas. Mue par l'instinct de survie, chacune retient sa respiration.

À la tombée de la nuit, les gens du tramway, que les SS. conduisent vers la route des Bordes, voient les soudards qui ripaillent. Une table garnie de victuailles a été sortie dans la cour. Ils ont de quoi se régaler : la famille Villégier avait tué et débité un cochon deux jours plus tôt.

Les quatre fugitives entendent les tueurs chanter et plaisanter. Elles sont toujours tapies au même endroit. De temps en temps, elles bougent un peu leurs membres engourdis. La nuit est interminable. Bien qu'il ne fasse pas froid, elles grelottent par moments. Enfin, une clarté laiteuse annonce le jour.

On n'entend plus les tueurs ; ils sont partis, mais aucune n'ose encore bouger.

Renée, qui se conduit en maman avec sa petite sœur, se hasarde à sortir : il faut absolument du lait pour Hélène. La maison est entièrement détruite. Il n'y a rien à récupérer, ni objet, ni nourriture. Le feu n'est pas encore éteint.

Comme dans les autres fermes, avant de mettre le feu, ils ont libéré les vaches qui se trouvaient à l'étable, et fait sortir les cochons. Seul, un gros chien de berger sera trouvé mort dans la cour.

Une étable, par extraordinaire, n'a pas brûlé, et une vache est rentrée. Renée s'approche, la trait et récupère ainsi un peu de lait, qu'elle s'empresse de faire boire à la petite fille.

À côté, il y a une cabane, occupée à l'occasion par un ramoneur. À l'intérieur, Renée trouve un morceau de pain dur. Il faudra s'en contenter. Bientôt, elle entend des pas sur la route. Effrayée, elle se cache dans un carré de choux campaliers[1]. Elle est soulagée en entendant parler français, et même patois. Elle s'approche : ce sont des habitants des Bordes, le village le plus proche. Ils reviennent d'Oradour où ils ont découvert les cadavres calcinés.

" Tous les gens sont morts. Ils ont tué tout le monde, ma pauvre petite, même les femmes et les enfants. "

Renée rejoint sa maman et ses sœurs, mais n'ose pas leur annoncer l'horrible nouvelle ; elles sortent de leur cachette, et se rendent dans un taillis

1. Variété de grands choux que l'on donne à manger au bétail.

proche, où elles peuvent détendre leurs bras et leurs jambes endoloris.

Un peu plus tard, monsieur Javelaud, un ami, averti de leur présence, vient les chercher et les conduit chez lui, au moulin des Bordes, où il les hébergera pendant un mois.

Pendant ce temps, les quatre bœufs sont rentrés seuls à la ferme, sans les jougs qui servent à les lier. On les retrouvera à l'entrée du bourg, au lieu-dit l'Abattoir, parmi un grand nombre de vélos et divers matériels.

Que sont devenus les hommes ? Sans doute arrêtés à leur retour avec leur chargement, ils ont été massacrés avec la population d'Oradour. Dans les charrettes retrouvées incendiées sur la place du petit champ de foire, en face de l'église, Renée reconnaîtra, accroché à un pieu demeuré entier, le petit gilet de son père.

On sait maintenant que les assassins ont utilisé les fagots dans l'église pour faire brûler les femmes et les enfants, parmi lesquels André et Amand.

Au début de leur séjour au moulin, les survivantes refusent de coucher à l'intérieur de la maison. Tous les rescapés ont la même réaction : " Ils tuent les gens et brûlent les maisons. Dehors, nous les verrons arriver. "

Henri Javelaud leur remet des couvertures, et elles passent les nuits dans un taillis proche : le Bois du Moulin. Un soir, elles se décident enfin à coucher dans un lit. Cette nuit-là, les alliés bombardent l'arsenal de Limoges. Leur sommeil est si profond qu'on ne parvient pas à les réveiller. " Laissons-les dormir, dit Henri Javelaud, elles en ont bien besoin. "

*
* *

De sa cachette, la barge du grenier à foin, Marcel Bélivier entend les rafales de mitraillette et les cris d'effroi. Les SS. tuent les gens ? Ils les entend crier comme des fous et tirer, encore et encore. Un peu plus tard, il entend trois rafales très rapprochées, et un cri qui semble être celui d'une femme ; il pense à une de ses sœurs. Puis les bâtiments s'enflamment. Ils mettent le feu.

Vers dix-neuf heures, il voit arriver, venant de Limoges, le tramway du soir. Les Allemands ont fait descendre des voitures un groupe de voyageurs, l'ont conduit à travers champs, et fait passer entre la maison et la grange en feu. Marcel les voit : ils sont tout près, mais il ne peut les identifier. Il apprendra par la suite qu'il y avait parmi eux Louise Compain, Camille Senon, Émile Redon, Jeannette Montazeaud et sa mère, tous des gens qu'il connaît bien.

Tout brûle autour de lui ; les bêtes meuglent à la mort. Il lui faut absolument descendre, sinon il va brûler vivant. Il sort et gagne une petite porcherie bien cimentée, qui peut, pense-t-il, résister à l'incendie. Mais la chaleur est terrible, et il étouffe. Dans le mur de briques, il y a un petit trou d'aération qui donne sur le jardin. À l'aide d'un piquet en bois, il agrandit l'ouverture, et il peut respirer.

Les toitures s'effondrent dans un fracas assourdissant, les tuiles tombent et se brisent sur le sol. Il passe la tête par le trou et voit un soldat en sentinelle au fond du jardin. Il doit attendre encore, mais il fait de plus en plus chaud, il a l'impression de cuire. N'y tenant plus, il passe par l'ouverture. Miracle, le guetteur a disparu. Il rampe le long de la palissade. Dans le jardin, il y a un silo à carottes clos par une planche ; il se glisse à l'intérieur, recouvre ses jambes avec les légumes et se protège avec la planche. Recroquevillé, il reste sans bouger un long moment. Alors qu'il croit être sauvé, il voit, par les interstices de la planche, un Allemand qui, après avoir décloué trois palins de la clôture avec la crosse de son fusil, passe par l'ouverture obtenue et se dirige droit vers lui. Marcel pense que le SS. l'a repéré et vient le tuer. Il ferme les yeux, terrifié. Mais le soldat passe dans l'allée tout à côté sans le voir et s'en va. Ouf !

Il attend la nuit sans bouger, puis se lève enfin et sort de sa dernière cachette. Il passe la clôture par le trou fait par le SS. et prend la route en direction du Mas-du-Puy, pieds nus, car il a quitté ses sabots dans la grange, pour ne pas faire de bruit. Au détour de la route, il distingue dans la pénombre trois silhouettes inquiétantes. Il pense encore à des SS. Il rentre vite dans le bois et se dirige vers Laplaud. C'étaient des gens du Mas-du-Puy, Valade, Vevaud et Couvidou, qui attendaient vainement le retour de leurs enfants.

À Laplaud, il voit de la lumière chez Pince-maille. Ce sont des Lorrains réfugiés, qu'il connaît bien. Il entre chez eux. Le jeune Roger Godfrin s'y trouve déjà. Il a réussi à s'échapper de l'école. Il est en pleurs, il n'a plus de famille. Monsieur Pincemaille donne une paire de chaussures à Marcel et lui offre de rester avec eux. Marcel préfère se rendre dans un champ de blé à côté. Il passe la nuit sous un pommier, à regarder brûler le bourg. Il se plaque contre le tronc de l'arbre, essaie de se confondre avec lui, pour que les SS., s'ils revenaient, ne le voient pas.

Le lendemain, madame Rouffanche est amenée à Laplaud par deux habitants du village. Ceux-ci, partis à la recherche de leurs enfants, ont découvert l'unique rescapée de l'église gravement blessée, recroquevillée dans un carré de petits pois, dans le jardin du presbytère. Ils l'ont transportée à l'aide d'une brouette récupérée sur place, dont un brancard est à moitié brûlé. On l'allonge sur des couvertures, à même le sol. Quelqu'un lui fait boire un peu de vin. Elle dit :

" Portez-moi dans la Glane, faites-moi me noyer. "

Marcel lui demande si elle a vu quelqu'un de sa famille, sa mère, ses sœurs. " Ah, mon pauvre petit ! "

Marguerite Rouffanche est amenée en carriole à Saint-Victurnien, puis, conduite à Limoges, où elle sera admise à l'hôpital.

*

* *

Le soir, Jacques Boissou regagne son domicile. Il retrouve son père et son frère, mais les SS. ont pris sa mère et sa grand-mère : il ne les reverra pas. Il ne reverra pas non plus sa jeune sœur ; toutes ont été massacrées et brûlées dans l'église. Mais cela, on ne le sait pas encore.

Tout près de chez lui, on a découvert le cadavre de son voisin, monsieur Lachaud, allongé derrière une haie. Il a la tête éclatée. Il a sans doute été tué au tout début, lorsque Jacques a pris la fuite.

Des camions chargés de soldats passent sur la route[1]. On entend des chants et un air d'accordéon. Ils s'en vont, joyeux, leur besogne accomplie. Oradour-sur-Glane n'existe plus.

Route du Mas-du-Puy, les SS. en faction étaient postés derrière une haie de saules. Ils laissaient passer toutes les personnes allant vers Oradour, qui n'en ressortiraient pas. Henri Vevaud les a vus le soir, et a fait demi-tour.

" Tout le bourg brûle, dit-il à son retour, la ferme de Masset vient d'être incendiée à l'instant. "

Malgré tout, il était encore confiant quant au sort des habitants.

" Ce n'est pas possible qu'ils aient tué les gens, tout de même. "

---

1. Son forfait accompli, le gros de la troupe se rend à Nieul, où un cantonnement a été prévu, avant de gagner le front de Normandie.

ÉCOLE DE GARÇONS 1942-1943

au premier rang, avant-dernier à droite, l'auteur

l'auteur

ÉCOLE DE FILLES 1942-1943

ORADOUR-SUR-GLANE. — Ecole de garçons et filles (année scolaire 1942-1943)

ORADOUR-SUR-GLANE. — Ecole de filles (année scolaire 1942-1943)

L'attente

Dans les hameaux, l'attente est partout la même.

Les Bordes, Chez Penot, Valeix, La Tuilière, Les Trois Arbres, Le Champ du Bois, Lespinas, Le Theil, Rentier, Bel Air, La Fauvette, La Vallade, Le Mas-Ferrat, Le Breuil, Les Cros, La Basse-Forêt, Mazenty, Le Repaire, Les Carderies, Le Pérou, Orbagnac, Belle-Vue, Chez Lanie, Laplaud, Le Mas-du-Puy.

On espère encore, et on prépare de la soupe et des boissons chaudes pour les enfants : ils en auront bien besoin quand ils rentreront, les pauvres. On écoute le moindre bruit de pas. Le temps passe. Toujours rien, et la nuit tombe peu à peu. Les journées du juin sont longues, mais il est tard, minuit, peut-être. Nous allons jusqu'au petit ruisseau avant les Brégères. On ne voit plus de flammes isolées, mais un grand brasier. Oradour est à présent un énorme brasier, une lueur sinistre qui éclaire plusieurs kilomètres dans la nuit.

Par moments, des gerbes d'étincelles jaillissent et montent vers le ciel. Personne ne revient de cet enfer. Quelques vaches meuglent, des chiens aboient. Malgré cela, on éprouve une étrange sensation de silence. Aucun signe de vie humaine. Un ailleurs, un au-delà. Nous restons cloués sur place.

Vers deux heures du matin, ma mère insiste pour que j'aille me reposer. Je m'allonge sur un lit, à l'écoute du moindre bruit ; je m'assoupis un moment, mais, bientôt, je me relève.

" Sont-ils rentrés ?

– Non, ils ne sont pas rentrés. "

Personne ne rentrera plus, désormais.

*

* *

Aux Bordes, Marie Ballot et ses filles, Marguerite et Georgette, attendent le retour des êtres chers. La famille est grande, mais dispersée. Le gendre Adrien, époux de Marguerite et papa d'Irène, est prisonnier en Allemagne. Avant la guerre, sa femme et lui étaient employés à Paris. Marguerite et sa fille sont venues se mettre à l'abri en Limousin.

Dans l'après-midi, Marguerite est allée prévenir son frère Marcel, qui travaille dans une ferme, de ne pas rentrer à la maison, mais de se cacher.

Léon, le fils aîné, est lui aussi prisonnier de guerre dans la région de Dantzig. Les conditions de détention sont très dures ; les prisonniers reçoivent un seul bol par jour d'une sorte de bouillon où flotte un morceau de légume, alors qu'ils travaillent durement sur une route. Avec des camarades, ils ont, pendant un certain temps, réussi à chaparder des pommes de terre, qu'ils faisaient ensuite cuire sur un poêle. Ils ont été pris, et failli être envoyés dans un camp disciplinaire. Ils ont cependant du tabac, et fumer leur coupe un peu la faim.

Émile, son frère, est également en Allemagne depuis 1942, au titre du STO. Il se trouve en Haute-Silésie, à vingt-cinq kilomètres d'Auschwitz. Il sait qu'il s'agit d'un camp, mais, bien entendu, ignore ce qui s'y passe. Il est employé au déchargement de matériel dans une gare, et il voit passer des trains de wagons à bestiaux bondés d'êtres humains. Il y a aussi, sur des plates-formes, des femmes et des enfants, en plein hiver, par un froid intense. Il a assisté à l'exécution de femmes qui avaient tenté de descendre en gare.

Un de ses camarades de détention avait envoyé une lettre à sa famille en France, disant de garder le moral, car les Boches étaient fichus. La lettre a été interceptée, et le malheureux envoyé dans un camp disciplinaire.

Lors de l'avance conjuguée des Russes et des Américains, les SS., ne pouvant replier les prisonniers nulle part, mais ne voulant pas les libérer, ont jugé plus simple de les fusiller.

Par la radio de Londres qu'il écoute clandestinement, Émile apprend le massacre d'Oradour. Quelques semaines après, un télégramme de la Croix-rouge lui annonce le décès des membres de sa famille : son père, son frère, sa sœur, sa nièce.

Ici, ce soir, Marie Ballot et ses deux filles sont seules ; les voisins ont fui le village. Elles regardent sans comprendre, le regard fixe, cet énorme brasier qu'est désormais Oradour.

Jeanne Raymongué a été prise par les premières douleurs de l'accouchement dès que l'on a entendu la fusillade. Que faire ? Impossible d'appeler le médecin, Oradour est en flammes. Il y a bien au village une accoucheuse occasionnelle, mais elle ne souhaite pas intervenir. Jeanne souffrira l'après-midi entier et toute la nuit, alors que l'on attend le retour des écoliers et que l'angoisse ne cesse de grandir. Au petit matin, René Raymongué, qui rentre de Limoges chaque soir à bicyclette, décide, avec son oncle André, d'aller à Cieux, chercher le docteur Zimer. Le docteur est juif et se sait menacé, il hésite à sortir sur les routes. Cependant, sur l'insistance du futur papa, il accepte de suivre les deux hommes. À l'approche d'Oradour, vers les Trois Arbres, on entend des camions. Les Allemands ! Vite, il se cache dans une ferme.

Il arrive aux Bordes tout crotté, fait une toilette sommaire, demande où se trouve la jeune femme, et commence aussitôt l'accouchement, à la lueur des bougies. La délivrance sera assez longue, mais sans trop de problèmes. Une petite fille, Madeleine, vient au monde dans cette maison d'où sont partis hier matin vers la mort un petit garçon et une autre petite fille, dans ce village où il n'y a plus d'enfants et que les habitants, traumatisés, ont abandonné.

Malgré la terreur des SS. qui peuvent revenir à tout moment, la famille reste sur place. Seuls Daniel et René, sur l'insistance des femmes, vont se réfugier dans les bois environnants. Toute la famille de Daniel est parmi les victimes ; la maison de Puy-Gaillard a été incendiée. Il lui reste, pour seul bien, les habits qu'il a sur le dos. Le surlendemain, quand René se présente à la mairie de Limoges, on refuse d'enregistrer la naissance de sa fille, à cause, lui dit-on, des cartes d'alimentation. Elle sera enregistrée à Veyrac, en attendant que la commune d'Oradour existe à nouveau administrativement. Madeleine est le premier enfant né à Oradour après le massacre.

Daniel et Andrée, eux, seront, le 13 janvier 1945, les premiers mariés, dans la maison Puygrenier, à La Prade, qui sert de mairie provisoire. Il leur faudra ensuite se rendre à pied, dans la neige, à l'église de Veyrac.

Les jours suivants

Le lendemain, dimanche 11

Il y a encore un peu de fumée, et toujours cette odeur âcre. Je suis dans le champ, un oncle venu aux nouvelles me rejoint.

" Il y a un jeune homme à la maison. Il vient d'Oradour, il a pu s'échapper. Ils ont tué tous les hommes. Ta mère lui fait du café. "

Je pense que c'est Marcel ; il s'en est tiré, j'éprouve un grand soulagement. En réalité, il s'agit de Yvon Roby, facteur remplaçant. Il est un des cinq rescapés de la grange[1]. Il relate le massacre des hommes. La première rafale dans les jambes, puis des coups de grâce. Ensuite, la paille pour les brûler.

" Et les femmes et les enfants ? demande ma mère.

– Ah, ma pauvre, je ne sais pas. J'ai vu qu'on les dirigeait vers l'église. "

C'est tout ce qu'il sait. Je rentre, ce n'est pas Marcel.

En début d'après midi, René, son frère André, Jean Sègue et moi-même partons à Oradour pour

1. La grange Laudy. Le seul groupe d'hommes où il y eut des survivants.

voir ce qui s'est passé. Aux premières maisons incendiées, aux Brégères, chez Bélivier, nous découvrons le cadavre d'une femme, à moitié recouvert de fumier. Saisi d'horreur, je décroche de notre groupe. Sans dire un mot à mes camarades, je fais demi-tour et regagne le village, où j'attends leur retour.

Mes trois compagnons, courageusement, ont continué, et pénétré dans l'église où ils ont découvert les cadavres calcinés des femmes et des enfants. Un spectacle horrible. " Ça cuisait ", dira l'un d'eux. À leur retour, par phrases entrecoupées de sanglots, ils nous apprennent la terrible et incroyable nouvelle : " Ils sont tous brûlés dans l'église. " La nouvelle se répand de groupe en groupe : tous brûlés, dans l'église. Tous brûlés.

La détresse et la terreur gagnent le village tout entier.

" Ils l'ont vu ?

– Oui, ils l'ont vu. "

Les hommes ont des gestes de rage impuissante, ceux de 14-18 surtout.

" Cette fois-ci, ils sont venus tuer nos enfants et nos petits-enfants chez nous. "

Ma mère sanglote et appelle sa fille.

" Germaine, ma petite fille ! Ils ont tué ma petite Germaine. "

C'est insoutenable.

Il n'y a plus d'enfants. Le Mas-du-Puy, comme tous les hameaux de le commune d'Oradour-sur-Glane, est devenu un village sans enfants.

Que sont devenues les mamans parties à la recherche de leurs enfants ?

À dix-huit heures, le massacre de l'église est terminé, elles n'ont pas été tuées en ce lieu, les quatre du Mas-du-Puy, Germaine, Lucienne, Léonie, Marie, et Marie d'Orbagnac. les soudards n'ont eu aucune pitié pour ces malheureuses mamans. Quel a été leur calvaire, terrorisées par les flammes de l'église et ces bourreaux bariolés comme des léopards, excités comme des chacals par le sang déjà répandu, qui se précipitent vers elles.

Au procès, à Bordeaux, en 1953, des compatriotes du sergent Boos ont accusé celui-ci d'avoir tué des femmes qui réclamaient leurs enfants, mais cette brute, qui pourtant reconnaissait une participation active au massacre, a nié ce fait.

D'après des rumeurs, les SS. auraient peut-être retenu des femmes pendant la nuit dans une maison, en haut du bourg, et les auraient tuées ensuite. Le docteur Bapt, chef des services de santé du département, sous les ordres de qui les travaux de secours et de déblaiement ont été effectués, nous a affirmé que rien de ce qui avait été trouvé dans les décombres ne permettait de confirmer cela. De toute façon, je préfère penser que ce forfait supplémentaire n'a pas eu lieu.

Cinq cadavres de femmes seront découverts dans une grange en face de l'église. Malgré l'absence d'identification, aucun membre de la famille ni proche n'étant présent au moment de la découverte, on peut penser que c'étaient les restes de ces malheureuses.

Dans sa détresse, se raccrochant à un fol espoir qu'elle savait pourtant vain, Maria Valade disait parfois : " Ils ont peut-être épargné des femmes, et les ont emmenées en Allemagne ".

Lorsque nous quittâmes la ferme du Mas-du-Puy, en 1945, pour aller à nouveau habiter la commune de Veyrac, elle dit à notre voisine, madame Clavaud : " Si Germaine revenait... vous lui diriez que nous sommes à La Barre, elle connaît bien. Nous y habitions avant la guerre. "

Le surlendemain

La douleur morale, et aussi physique, serre la poitrine. Nous avons passé deux nuits dehors. Les femmes sont désespérées, en pleurs ; les hommes semblent hébétés. Ces gens de la terre, pourtant habités par une énergie vitale, une force originelle, sont anéantis. Assis devant sa maison, Henri Vevaud n'a pas bougé depuis hier soir. Il est prostré depuis qu'il sait qu'il n'y a plus d'espoir de revoir sa femme et ses enfants. Comment se battre contre le néant ?

Pourtant, les travaux de l'été sont là ; dans les prairies, l'herbe est haute et tremble en longues vagues au souffle du vent. Il va falloir faire les foins.

Quelque chose est brisé dans ce hameau de quarante habitants ; on n'entend plus de rires d'enfants. Sans eux, la vie est morne, comme arrêtée.

Il y a quatorze victimes, huit enfants, cinq femmes et un homme. Un bilan terrible. Les maisons sont à moitié vides. Il n'y a plus personne dans celle de la famille Thomas. La grand-mère, la maman et son petit garçon sont morts, le papa et le frère sont prisonniers.

Chez Vevaud, la maman et deux enfants ont disparu. Chez nous, ma sœur, deux enfants, notre cousin.

Meurtries dans leur chair, les grands-mères vont pourtant devoir assumer à nouveau le rôle de maîtresses de maison. Dans quelles conditions et à quel prix ? l'héroïsme au quotidien.

L'après-midi, je rencontre Marcel Bélivier. On sait déjà qu'il figure parmi les rares rescapés. Il s'arrête pour me parler, en face du chemin qui conduit chez Moreau.

" Tu as pu t'échapper !

– Oui, mais ça a été juste. "

Il remonte sur sa bicyclette pour se rendre au fond du village, chez monsieur et madame Blancher. Je me souviens de sa façon de pédaler sur ce vélo qu'on lui a prêté.

Mardi 13 juin

Émile Redon ramène le vélo de ma sœur. Il l'a récupéré à l'Abattoir, sur la route des Bordes, parmi un grand nombre d'autres bicyclettes entassées ici par les Allemands. Nous nous sommes longtemps demandé si Germaine n'avait pas essayé de fuir par là.

Émile Redon faisait partie des survivants. Il était parmi les passagers du tramway. Il connaissait la bicyclette ; ma sœur apportait tous les jours le repas des enfants au café que tenait Milou, place du Champ de Foire. Avec complaisance, sa fille Irène ou lui-même faisait réchauffer les mets déjà préparés, et les enfants mangeaient ainsi un repas chaud.

La bicyclette était équipée de deux sacoches, de part et d'autre du porte-bagages arrière. Celle de droite a disparu. Ma mère remercie monsieur Redon et éclate en sanglots.

La fenaison a commencé par la coupe de la prairie la plus proche de la ferme. On sent l'agréable odeur de l'herbe récemment coupée. Il n'y a pas la joie qui règne habituellement lors de ces travaux. Rien ne sera plus comme avant, la horde a emporté le bonheur avec elle.

Il y a encore dans l'air cette odeur âcre ; les animaux ont soif, se ruent sur les points d'eau. Mon camarade et moi gardons chacun notre troupeau, apparemment comme si rien ne s'était passé. Nous jouons au football avec une petite balle en caoutchouc. La partie est entrecoupée par des accès d'un fou rire nerveux, incontrôlable.

C'est avec un peu de retard que nous rentrons au village où règne soudain un affolement total.

Vingt et une heures. Les Boches arrivent.

On entend, venant de la route d'Oradour, des ronflements de moteurs. Des camions se rapprochent.

Les Boches arrivent.

Les camions semblent tout près, à Beaucassie peut-être. Un habitant, dont le pré est situé de ce côté, a été le premier à les entendre. En courant, il fait rentrer ses vaches et les enferme dans l'étable sans les attacher. Nous mêmes avons juste le temps de rentrer les nôtres. Les bruits de moteurs s'amplifient.

Les Boches arrivent. La famille Vignaud est déjà en route ; René se fait réprimander par son père. " Dépêche-toi, tu vas nous faire prendre. " En quelques minutes, le village est vidé de ses habitants.

Mon père est à la traîne. Il a du mal à fermer la porte de la maison, et il emporte un réveil ! " Alors, tu viens ? ils arrivent ! "

Alertés à leur tour par notre fuite, les habitants de la dernière maison du village sont sur le pas de la porte. Ils font prestement demi-tour et sortent de chez eux par derrière. Ils ne prennent même pas le temps de fermer la maison. D'ailleurs, à quoi cela servirait-il ?

Nous passons par l'enclos, ensuite par une châtaigneraie. Nous abandonnons le vélo que monsieur Redon a ramené ce matin au milieu d'un champ de blé. Direction : Veyrac, à l'opposée d'Oradour. Nous voici au hameau de Chez Grenier. La propriétaire nous accueille et propose spontanément de nous héberger. Les femmes déballent les paquets. Elles ont malgré tout rassemblé à la hâte quelques vêtements et des provisions. Louis Vignaud a plusieurs morceaux de porc, enveloppés dans un linge blanc. Samedi, à la ferme, ils avaient tué le cochon. Tout le reste de la bête est étalé dans la maison abandonnée.

" Père Vignaud, il ne faut pas tuer de cochon dans les circonstances actuelles, dit quelqu'un.

– Mais, samedi, c'était avant ! "

Voilà que surgit un autre habitant du hameau, très excité.

" Il ne faut pas rester là ! Si les Allemands viennent, vous allez nous faire tous fusiller. "

Il craint pour lui et pour les siens. Pour nous qui sommes d'Oradour, après tout...

Un autre personnage se moque de nous : " Ils n'ont pas brûlé l'étang de Cieux, sans doute. "

Avec un tas de fagots que nous avons repéré en bordure de forêt, nous confectionnons un abri sommaire dans lequel nous nous blottissons les uns contre les autres. J'ai une place privilégiée au fond de l'abri, et pourtant, par moments, je tremble. Jean Sègue dit que c'est le froid.

Heureusement, la propriétaire a recueilli les femmes et les enfants dans sa demeure.

La nuit, bien que courte, nous paraît très longue. Malgré tout, je crois bien avoir dormi un peu. Quand le jour se lève, aucun incident ne s'est produit. Nous abandonnons notre abri. En passant dans le hameau, nous voyons, par sa fenêtre au premier étage de sa maison, l'excité de la veille. Il s'habille. " Je n'ai rien entendu de la nuit ", dit-il. Nous l'ignorons et nous rentrons chez nous. Par la suite, nous apprendrons que les Allemands ont fait demi-tour à Beaucassie, quelques centaines de mètres avant le Mas-du-Puy. Ce n'étaient sans doute pas des SS., ceux-là étant en route pour la Normandie.

Nous avons de la famille à Veyrac, distant de six kilomètres. Mon père décide de nous y envoyer. Nous voilà partis avec les paquets. J'ai voulu emporter mon accordéon. " Tu ne vas pas jouer, sans doute ? " dit la mère Félicie. Non, je n'ai ni l'intention ni l'envie de faire de la musique. À Veyrac, la journée se déroule dans le calme, mais je reste pour la nuit. Nous couchons à quatre, tête-bêche, dans le même lit.

Le lendemain, je rentre seul au Mas-du-Puy. Au passage, à Chez Grenier, je rencontre à nouveau le personnage, toujours aussi moqueur.

" Alors, ça va mieux ? Tu n'es pourtant pas froussard, toi ", dit-il, goguenard. Je ne réponds pas et je continue mon chemin. J'arrive au village ; mon père est déjà au travail.

Jeudi 15

Du chemin qui mène à Laplaud, on voit les ruines proches, et on perçoit encore l'odeur de brûlé. À Laplaud, une rumeur circule : les Allemands vont revenir, ils recherchent les rescapés. Ils veulent, paraît-il, détruire toute la commune, car les habitants sont tous contre l'Allemagne. C'est un homme d'Orbagnac, quelqu'un de ″ sérieux ″, qui l'a entendu dire.

″ Alors, c'est reparti ″, soupire une habitante.

Je ne me rappelle plus ce que nous étions venus faire à Laplaud. Mais nous décidons de ne pas rapporter cette ″ nouvelle ″ ; il faudrait encore partir dans les bois, et il est probable que ce n'est qu'un bobard.

Tout de suite après le repas, nous allons cueillir des cerises au grand cerisier de l'enclos, en face de la maison. Sur l'arbre, nous en mangeons autant que nous en cueillons ; nous avalons même les noyaux. Nous les apercevrons ensuite, quand nous irons aux cabinets. C'est rigolo.

Bientôt, les gens de Laplaud passent avec des vélos surchargés de baluchons. Un véritable exode.

″ Je vais à La Roche, chez ma fille ″, dit le père Gaudy. Monsieur Bernard va à Veyrac. Un autre ne sait pas ; il fuit, c'est tout.

″ Ce n'est peut-être qu'une rumeur ″, ose dire mon cousin Jean, venu nous rejoindre après avoir appris la disparition de son frère Marcel.

″ Ah oui, une rumeur... Mais aujourd'hui, ce n'est pas une rumeur, Oradour.

– Écoutez, quand ils sont venus à Oradour, ils ne vous ont pas prévenus.

– C'est des Croates qui ont fait le coup, à Oradour ″, dit quelqu'un[1].

Mais la peur est trop forte, la panique est contagieuse et nous reprend tous. Nous voici repartis pour Veyrac. Nous avons installé Lucien sur le porte-bagages du vélo.

Mon père, Baptiste et Jean vont coucher aux Landes, dans une châtaigneraie ; les Authier vont dans le bois de Chantelouve. Au petit matin, avec beaucoup de précautions, les hommes regagnent le village. En face de la maison Moreau, une grosse branche barre le chemin.

″ Oh, ça, dit l'un d'eux, c'est un signal. ″

Tout le monde s'arrête, et on décide de ne pas rentrer au village avant d'avoir entendu parler patois.

Justement, les Authier vaquent à leurs occupations, et on les entend parler. La branche sur le chemin, c'est précisément monsieur Authier qui, la veille, lors de sa fuite précipitée, l'a poussée, car elle gênait le passage. Toute biscornue, elle a basculé et obstrué le chemin.

Le soir, de retour à Veyrac, nous sommes à nouveau réunis.

---

1. On apprendra plus tard que le commandant Dickman était d'origine croate.

Autant nous étions naïfs, avant le 10 juin, autant nous sommes à présent paniqués. Nous pensons que, partout où passent les Allemands, ils massacrent comme à Oradour.

Seuls les Allemands, les miliciens, ou, très rarement, les agents des PTT, circulent avec des véhicules automobiles. Aussi, au moindre bruit de moteur, sommes-nous tout de suite sur nos gardes. C'est plus tôt qu'il aurait fallu être vigilants.

Un jour, pendant la fenaison, des explosions retentissent du côté de Chez Grenier. On saura plus tard que c'est quelqu'un du Puy-Imbart qui fait éclater de grosses souches avec de la dynamite. Ce jour-là, nous n'avons pas bougé, mais nous avons eu une belle frayeur. Grande inquiétude aussi, le 27 juin, lorsque nous percevons au loin une fusillade. Ce sont les miliciens qui massacrent un groupe de résistants à Saint-Victurnien. Bien entendu, nous n'aurons l'explication de ces événements que les jours suivants.

Une nuit, nous sommes réveillés par ce que nous croyons être un orage. Mon père regarde par la fenêtre et dit : " Ils bombardent Limoges.

– Oui, ajoute Jean, et comme il faut ! "

Il est inquiet pour ses parents. Ici, il n'y a aucun danger, mais nous restons éveillés. Les voisins, en revanche, sont sortis de chez eux.

La visite à Oradour.

Des chats errent parmi les ruelles, un chien gratte un morceau de chair humaine à l'emplacement de ce qui fut le café Thomas.

Autour de l'église, des hirondelles vont et viennent, et se croisent en piaillant. Quelquefois, les soirs d'été, quand il fait beau, j'observe les hirondelles qui volent autour des toits en un ballet gracieux et incessant. Je repense aux hirondelles des ruines, en juin 44, qui volaient en tous sens, affolées.

Le bourg est entièrement détruit : il ne reste que des pans de murs noircis par les flammes. Après un déblaiement de l'église, un tas de cendres est tout ce qui reste de centaines de femmes, de jeunes filles et d'enfants.

Les fermes des Brégères, de Puy-Gaillard, de Chez Gaudy, du Châlet-Saint-Vincent, de Masset, la maison Thomas, route des Bordes, sont détruites de la même façon.

Le règne de la mort s'étend tout autour. La nature offre un contraste poignant : une vie intense éclate alentour. Les jardins sont en fleurs, les oiseaux chantent, c'est l'été. Tout à côté, le barbare incendie a détruit jusqu'au dernier vestige de vie humaine. En quelques heures[1], toute une population a été massacrée pour rien par une horde de sauvages, et Oradour est devenu le théâtre de l'horreur.

---

1. *Opération méthodiquement préparée et systématiquement exécutée.* Discours de Jean Chaintron, préfet de la Haute-Vienne, prononcé place de l'église, lors de sa venue à Oradour avec Pierre Boursicout, commissaire de la République, en septembre 1944.

Les hameaux sans enfants

Le Mas-du-Puy : 40 habitants, 14 victimes.

8 enfants :	Hélène Bossavie	11 ans
	Georgette Couvidou	9 ans
	Edmond Couvidou	7 ans
	Pierre Coudert	6 ans
	Robert Moreau	6 ans
	René Thomas	6 ans
	Arthur Vevaud	9 ans
	Gilberte Vevaud	7 ans
5 femmes :	Germaine Couvidou, née Valade	25 ans
	Lucienne Thomas, née Ruven	26 ans
	Marie Thomas, née Mérigot	48 ans
	Léonie Vévaud, née Frontout	37 ans
	Marie-Louise Vignaud	21 ans
1 homme :	Marcel Barrière	20 ans

Un village parmi beaucoup d'autres.

Les Bordes : 17 victimes.

11 enfants :	Monique Arnaud	9 ans
	Aimée Ballot	12 ans
	Irène Bonnet	10 ans
	René Deglane	9 ans
	Roger Moreau	9 ans
	Claude Ramnoux	6 ans
	Marguerite Simon	11 ans
	Madeleine Tomasina	8 ans
	Georges Thomas	13 ans
	Raymond Thomas	12 ans
	Michèle Vauchamp	7 ans
6 adultes :	Jean Ballot	60 ans
	André Ballot	15 ans
	Bernadette Cordeau	16 ans
	Martial-Marcelin Garraud	64 ans
	Renée Trouillaud	18 ans
	Léonard Lachaud	71 ans

La Croix-des-Bordes : 3 victimes.

1 enfant :	Jeanne Boissou	11 ans
2 adultes :	Marie Boissou, née Barataud	44 ans
	Marguerite Barataud, née Laplaud	68 ans

Orbagnac : 9 victimes.

6 enfants :	Marcel Boulestin	8 ans
	Lucien Boulestin	8 ans
	Madeleine Bois	8 ans
	Germaine Picat	13 ans
	Lucien Thibault	12 ans
	Annie Ratier	5 ans
3 femmes :	Hélène Georges	20 ans
	Marie-Yvonne Lévêque	20 ans
	Marie Ratier, née Lévêque	26 ans

Chez Lanie : 4 victimes.

3 enfants :	Germaine Lamige	6 ans
	Marcel Lamige	7 ans
	Yvonne Delavaut	12 ans
un jeune homme :	Arsène Lamige	15 ans

Le Repaire : 18 victimes.

14 enfants :	André Brugeron	6 ans
	René Brugeron	10 ans
	Fernand Bureau	8 ans
	Guy Canin	13 ans
	Roland Bricourt	8 ans
	Marie-Annie Chénieux	9 ans
	Henri Dèmery	11 ans
	Marcelle Dèmery	9 ans
	Jean-Claude Faugeras	9 ans
	Hubert Restoueix	9 ans
	Pierre-Maurice Roby	11 ans
	Marcelle Roby	6 ans
	Jean Sadry	12 ans
	Andrée Sadry	14 ans
4 adultes :	André Foussat	38 ans
	Martial Ledot	63 ans
	Anna Roby, née Thomas	58 ans
	Martial Senon	52 ans

Les Brandes : 10 habitants, 10 victimes, dont 5 enfants.

Lucia Miozzo, née Zocarato	40 ans
Bruno Miozzo	19 ans
Antoine Miozzo	17 ans
Armand Miozzo	14 ans
Louis Miozzo	12 ans
Anna Miozzo	11 ans
Marcel Miozzo	9 ans
Jean Miozzo	4 ans
Catherine Roumy, née Aliphat	69 ans
Marie Lorrain, née André	61 ans

La Villa André : 6 habitants, 6 victimes.

	Arthur Bardet	33 ans
	Yvonne Bardet, née Gendraud	31 ans
	Gisèle Bardet	8 ans
	Daniel Bardet	6 ans
	Marie Bardet, née Senon	56 ans
	Marie Morlièras, Vve Senon	80 ans

Belle-Vue : 9 victimes.

	Jean Lamaud	46 ans
	François Lamaud	71 ans
	Marie Lamaud, née Brandy	46 ans
	Marie Thérèse Lamaud	4 ans
	François Brandy	45 ans
	Marguerite Brandy, née Desseix	63 ans
	Lucie Moreau	18 ans
	Roger Gazan	17 ans
	Robert Pénot	12 ans

Laplaud : 7 victimes.

6 enfants :	Roger Gaudy	13 ans
	Maurice Gaudy	8 ans
	Marcelle Gaudy	5 ans
	Bernadette Renaudin	7 ans
	Dominique Forest	6 ans
	Georges Debuyser	7 ans
1 adulte :	Michel Forest	20 ans

Lignac :

1 enfant :	Arthur Thomas	10 ans

Lespinas :

2 enfants :	Marcelle Chauzat	9 ans
	Camille Chauzat	6 ans

Le Champ du Bois :

	André Deglane	73 ans
	Marie Clavaud, née Savy	61 ans

Le Theil :

2 enfants :	Marcelle Colin	10 ans
	Simone Colin	8 ans

La tuilière des Bordes :

1 enfant :	Jean-André Lavaud	12 ans
1 homme :	Maurice Courivaud	23 ans

Teinex :

2 enfants :	Pierre Gaudy	10 ans
	Gilbert Lavergne	14 ans
2 hommes :	Jean-Antoine Lavergne	39 ans
	Jean Lavergne	64 ans

Le Breuil :

2 enfants :	Marcel Hyvernaud	12 ans
	André Hyvernaud	7 ans

Les Cros :

1 enfant	Michel Roussy	5 ans

Le Mas Ferrat :

1 adulte :	Jean Jackov	38 ans

La Croix du Bois du Loup :

1 enfant :	Raymond Engiel	7 ans

Les Carderies :

3 enfants :	Jean Thomas	13 ans
	Madeleine Thomas	10 ans
	Anne Thomas	5 ans
1 adulte :	Henri Villoutreix	44 ans

Rentier :

1 enfant :	Andrée Gourceau	9 ans

Bel Air :

2 enfants :	André Demery	13 ans
	Ernest demery	11 ans

Les Trois Arbres :

1 enfant :	Jean-Aimé Bichaud	9 ans
une jeune fille :	Marie-Louise Alamone	17 ans

Chez Penot :

3 adultes :	Pierre Deglane	32 ans
	François Duvernet	45 ans
	Adrien Duvernet	20 ans
1 enfant :	René Duvernet	9 ans

Valeix :

1 enfant :	Aline Granet	7 ans
1 adulte :	Pierre Raimond	71 ans

Mazenty :

4 enfants :	Lucien Barny	5 ans
	René Hyvernaud	11 ans
	Marcel Hyvernaud	8 ans
	Claudine Beyne	7 ans

La Basse Forêt :

2 enfants :	Hubert Gaillot	6 ans
	Danièle Gaillot	3 ans
une femme :	Cécille Gaillot, née Saint Paul	40 ans

La Vallade :

3 enfants :	Christian Richard	13 ans
	Jean Richard	7 ans
	Édith Raynaud	8 ans
2 adultes :	Lucien Clavaud	18 ans
	Marie Ducharlet	64 ans

La Fauvette :

1 adulte :	Pierre Dupic	72 ans
8 enfants :	Bernard Colin	9 ans
	André Garaud	8 ans
	Émilia Masachs	11 ans
	Angélina Masachs	7 ans
	Claudine Deschamps	12 ans
	Renée Deschamps	9 ans
	Huguette Deschamps	7 ans
	Maryse Deschamps	5 ans

Deux garçons, Lucien Deschamps et son frère Gilbert, ont terminé leur scolarité, et ainsi échappé au massacre : Gilbert, mon camarade du C.E.P.

En 1947, Gilbert s'engage dans la marine, son rêve de toujours. La maman Deschamps vient souvent me voir au village provisoire, où je travaille. Nous parlons de Gilbert, qui est loin sur les mers.

Au hasard de déplacements, de visites ou de séjours dans les familles, ou en quête de ravitaillement, il y eut des victimes de plusieurs villes et communes.

Paris	5	Veyrac	6
Montpellier	2	Saint Brice	3
Orléans	1	Javerdat	2
Nice	1	Cieux	2
Limoges	34	Saint Junien	2
Panazol	3	Blond	1

Le monument aux enfants des écoles, à la nouvelle école d'Oradour

A la mémoire des 7 maîtres et maîtresses, à celle des 152 petits élèves d'Oradour-sur-Glane, qui, amenés en rangs par les troupes nazies de leurs écoles à l'église, y ont été massacrés le 10 juin 1944.

Tous les ans, le 10 juin, jour anniversaire du massacre, les enfants des écoles déposent une gerbe de fleurs à la mémoire des écoliers massacrés en cet après midi de juin 1944.

Lors de la communion solennelle chaque fois à l'issue de l'office les communiants déposent eux aussi des fleurs au pied de ce monument.

*
*   *

Des camarades émergent avec tendresse dans mon souvenir.

Gilbert Lavergne. Nous avions le même âge, nous jouions ensemble aux billes, et étions tous deux très maladroits.

Henri Démery était un peu plus jeune. Je me rappelle qu'il était très fier de ne pas avoir été malade depuis longtemps.

Les Espagnoles Pilar et Francesca. Deux jumelles brunes, deux filles superbes. Comme beaucoup de leurs compatriotes, elles et leurs parents avaient fui leur pays à cause de la guerre civile.

Christiane. Elle habitait près de l'église. Son papa était prisonnier, sa maman faisait le ménage chez l'instituteur. Je la croisais après l'école ; elle avait un visage très fin et un air un peu mélancolique.

Une fois, j'étais allé à l'école des filles, pour remettre un pli à l'institutrice, madame Binet, de la part de monsieur Rousseau. Intimidé par toutes ces filles qui s'étaient mises à rire dès mon entrée, j'avais heureusement été reçu par Marie-Louise Bélivier, que je connaissais bien.

Renée. Une ravissante jeune fille. Elle habitait les Bordes, mais elle était employée chez monsieur Clavaud, à la belle villa du Champ de Foire. Elle m'avait pris en amitié. Lorsque je la croisais, elle me parlait toujours gentiment, comme à un petit frère. La veille du C.E.P., alors que je lui disais bonjour, elle me répondit : " Merde ". J'étais interloqué. " C'est pour te porter chance demain !

– Ah, oui, merci ! "

J'ai réussi le C.E.P., j'ai quitté l'école, et je ne l'ai jamais revue.

Août 44

Limoges et sa région sont enfin libérés. C'est un énorme soulagement, mais pas le grand bonheur espéré depuis de longues années : on nous a volé notre joie.

Nous rencontrons des gars du maquis au pont de l'Erbeillou. Nous arborons fièrement notre béret, sur lequel, à notre demande, nos mamans ont cousu une bande de tissu aux trois couleurs. Des nuées d'avions passent dans le ciel : mosquitos, forteresses volantes, etc. Ce déploiement des forces alliées est impressionnant, fantastique ; pour nous, un véritable ravissement.

Au jardin, les deux rangées de haricots qu'Edmond avait semées sont superbes. Son grand-père en parle souvent, avec beaucoup d'émotion, de tendresse, mais aussi de tristesse.

" Regarde comme ils ont bien poussé. "

Puis, en essuyant discrètement une larme :

" Il était beau, ce gosse, avec les deux fossettes qui apparaissaient dans ses joues quand il souriait. "

Maria Valade et Marguerite Rouffanche se connaissent bien. Elles voyageaient ensemble par le tramway pour aller au marché à Limoges avant le massacre. Ma mère avait très envie de lui parler. Un jour, n'y tenant plus, nous allons la voir à l'hôpital de

Limoges. L'unique rescapée de l'église, insuffisamment remise de ses graves blessures, est encore alitée.

" Avez-vous vu quelqu'un de chez nous, Marguerite, dans l'église ?

– Ah, ma pauvre Maria, il y avait tellement de monde. "

Absorbée par les travaux de la ferme, les repas à préparer, les enfants dont elle doit s'occuper, la nécessité de toujours faire vite, Maria oublie presque, l'espace d'un instant, la tragédie. Mais la douleur revient au galop, comme un coup de poignard au cœur.

Les Allemands ont brûlé Oradour, ils ont tout tué. Germaine, Georgette ma fille, ma petite fille, Edmond, Marcel, nous ne le reverrons plus. C'est triste la mort, on ne se revoit jamais. La pauvre Germaine, elle, a eu trop de malheur, maman, encore adolescente, morte si jeune avec ses enfants pour avoir voulu les sauver. Comment est-elle morte ? Que lui ont-ils fait subir ? Ils ont dû beaucoup souffrir tous, c'est si douloureux une brûlure. Ah les salauds, tous ces gens qu'ils ont tués. Il faut être un bourreau, on se demanderait si ce sont des mères qui les ont mis au monde.

« Ici, des hommes firent à leur mère et à toutes les femmes la plus grosse injure ; ils n'épargnèrent pas les enfants. »

écrit par Paul ELUARD pour son ami FENOSA,
créateur de la statue aux Martyrs d'Oradour.

La baignade dans la Glane

Les mamans sont très malheureuses, leurs filles ne sont plus là, et nous sommes encore des adolescents. Pourtant, elles assument pleinement leur rôle de maîtresses de maison, mais, bien souvent, leurs yeux sont embués de larmes. Nous-mêmes avons des moments difficiles, mais la vivacité et l'égoïsme de nos quinze ans nous poussent en avant. Souhaiterions-nous vieillir vite, et oublier ?

Depuis la Libération, notre loisir favori est la baignade dans la Glane, malgré les inquiétudes de nos mères: " Sa sœur a été brûlée, lui va se noyer. " Il est vrai que cet exercice est encore peu courant.

Enfant, j'éprouvais une sorte de crainte quand je passais sur un pont. Je ressentais la même chose lorsque je marchais le long de la rivière, avec, en plus, un léger vertige. Les anciens ne disaient-ils pas que l'eau attire ? J'avais cependant déjà une grande envie d'apprendre à nager.

Le dimanche, des jeunes gens venaient de Limoges, pour se baigner à l'écluse du moulin. Certains savaient nager, et nous les observions avec admiration, surtout ceux qui plongeaient depuis la berge. Un jour, un peu en amont, vers le pont de l'Erbeillou, là où la rivière est moins profonde, après avoir quitté nos chaussures et retroussé nos pantalons, nous avons mis les pieds dans le cours d'eau, en nous retenant aux herbes de la berge pour y pénétrer le plus doucement possible. Peu à peu, nous

nous sommes habitués au contact de l'eau, et, quelques jours après, nous étions capables de faire trois ou quatre brasses, et de traverser la Glane, qui n'est pas très large à cet endroit.

Pour ne pas attirer l'attention, nous partons discrètement, sans prendre de maillots de bain, et nous nous baignons nus. Un soir, alors que nous sommes ainsi à l'eau, survient, remontant le courant, une barque dans laquelle ont pris place des jeunes gens et des jeunes filles. Tout à nos exploits, nous n'avons pas vu venir le bateau, et il est déjà tout près de nous. Le frère de René, qui est sur la berge, exulte : " Regardez ! Regardez le bateau, il y a des filles ! il y a des filles ! "

Nous sortons vite de l'eau pour récupérer nos habits, mais, lorsqu'on est mouillé, il n'est pas facile d'enfiler ses vêtements. Les pantalons ne sont pas encore remontés quand le bateau arrive à notre hauteur. Alors, assis sur l'herbe, serrant les jambes et nous protégeant avec les mains, nous attendons, stoïques, que l'embarcation s'éloigne.

Une autre fois, ce sont des gars du maquis qui nous surprennent dans la même situation, mais, là, nous sortons tranquillement de l'eau, et, en tenue d'Adam, nous effectuons pour eux une série de plongeons. Le grand-père Maxime, qui garde ses vaches dans le pré à côté et qui observe la scène, n'en croit pas ses yeux. Plus tard, malgré sa réprobation, ma mère me tricotera un maillot de bain.

Avec l'automne, les pluies sont venues, la Glane est sortie de son lit et a recouvert une partie des prairies. Malgré le froid, nous sommes encore entrés dans l'eau, et je me souviens de la douceur du sol sous nos pieds.

L'hiver approche. Nous recommencerons l'année prochaine, et nous irons dans les étangs, où nous apprendrons vraiment à nager.

Les batteuses

D'un village à l'autre, on entend le ronflement des batteuses. Chaque machine possède un son particulier. La journée commence très tôt, par un coup de sifflet strident, et elle est rude : la poussière, la chaleur, les grosses gerbes qu'il faut lever à la fourche, les sacs de blé à monter au grenier.

Il faut apporter en permanence de grands seaux d'eau à la chaudière, un monstre qui absorbe le liquide dans un souffle puissant. Traditionnellement, les repas d'après battage sont une petite fête. Malgré le grand malheur si proche, ils ne sont pas trop tristes.

Cependant, les conversations viennent toujours sur le drame. Le serveur de la machine, le batteur, raconte comment il a pu reconnaître le corps de son fils dans l'église grâce au couteau qu'il avait avec lui. Il l'avait réparé lui-même, remplaçant le pivot de la lame par une pointe rivée au marteau.

Le propriétaire du moulin du Repaire a été tué le 10 juin. Il nous faut aller au moulin Rabaud, sur la commune de Saint-Gence, pour nous procurer de la farine, car nous fabriquons notre propre pain à la ferme.

Notre équipage est constitué d'une paire de bœufs attelés à un tombereau. Les bœufs sont dociles : il suffit de les diriger avec le guillade et de se laisser conduire. " Vous prendrez les chemins de traverse, ont dit les parents, il vaut mieux éviter les contrôles. "

Départ vers le bas du village ; puis, à gauche, on franchit le ruisseau de l'étang du Puy-Imbart à gué. Les animaux ne marquent aucune hésitation, ils connaissent. Une grande allée de sapins, puis nous traversons la route de la forêt, en direction de Glane. Après ce village, un pont traverse la Glane, à proximité du Chatain de l'Amour.

Les Cadophies, à présent : ce n'est plus une route, mais un chemin au milieu de l'étouillas. Dans le tombereau, nous apportons chacun deux sacs de blé, sur lesquels nous nous sommes assis pour mieux voir la route. Pour changer de direction, un petit coup d'aiguillon : au bœuf de droite pour tourner à gauche, et inversement.

Une importante dénivellation fait pencher dangereusement le véhicule, mais cela ne nous inquiète pas trop. Un petit coup sur les fesses des bœufs, " Allez, allez ! ", et ils continuent à avancer. L'équilibre se rétablit.

Senon, un village plus important. On tourne à droite et on descend vers le moulin Rabaud. La pente est extrême, il faudrait peut-être passer devant l'attelage pour freiner les animaux. " Mais non, dit mon camarade, tu vas voir, tout va bien se passer. " Je ne suis pas très rassuré, l'arrière du tombereau est plus haut que la tête des bœufs. Le chemin est pavé de grosses pierres. Le véhicule ne possède aucun dispositif pour amortir les secousses, et nous secoue les boyaux, mais nous avons l'habitude. Un autre pont, un autre virage à angle droit, bien négocié par l'attelage, un autre bout de chemin, encore plus mal pavé. Nous y sommes.

Les patrons du moulin, deux frères célibataires, sont surpris et un peu sceptiques : ils attendaient des clients, et non deux gamins. " Ne vous inquiétez pas, dit René, je vais descendre les sacs ". Il les saisit, à la stupéfaction des meuniers. " Quatre-vingt kilos, ça ne me gêne pas. "

Après avoir observé avec intérêt le fonctionnement du moulin et reçu notre farine bien blanche, nous récupérons aussi le son, pour les cochons. Le retour se déroule sans encombre, et nous arrivons à la ferme, assez fiers de nous, bien avant la nuit.

Le moulin Rabaud

Le vieux Moulin

Automne 1945

Le bourg n'existe plus. Il n'y a plus d'édifices publics, de mairie, de poste. Les hameaux sont rattachés aux communes voisines les plus proches, Les Trois Arbres et Les Bordes à Cieux, La Fauvette et La Vallade à Javerdat, Le Repaire et Orbagnac à Saint-Victurnien, Laplaud et le Mas-du-Puy à Veyrac.

Les tueurs ont réussi : Oradour est rayé de la carte.

Mais ce n'est pas pour longtemps. Bientôt, un village provisoire, avec une école, va être construit. Le peu d'enfants qui restent vont reprendre le chemin d'Oradour. D'autres enfants vont naître : la vie continue, au delà de la mort.

En attendant, les enfants qui n'étaient pas à l'école le 10 juin doivent fréquenter la plus proche de leur domicile. C'est le cas de Yves, du Mas-du-Puy. Par les sentiers, à travers champs et prairies, il se rend à l'école du Mas-de-Glane. Ce n'est pas très loin, mais il n'aime pas cette école. Il arrive souvent en retard, aussi est-il souvent puni. Sa grand-mère a dû intervenir auprès de l'institutrice. Un matin, je l'accompagne jusqu'au Puy-Imbart. La route est proche ; un paysan conduit un attelage. Je dis à Yves :

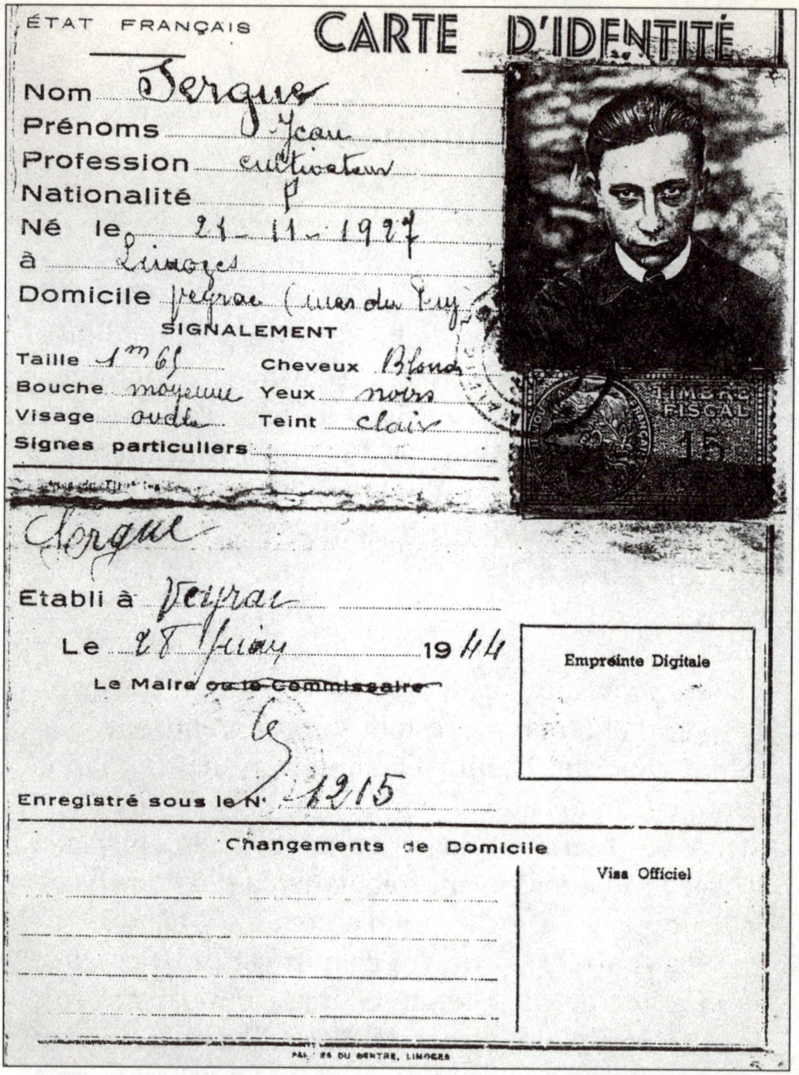

ÉTAT FRANÇAIS **CARTE D'IDENTITÉ**

Nom Fergue
Prénoms Jean
Profession cultivateur
Nationalité F
Né le 21-11-1927
à Limoges
Domicile Veyrac (Mas du Puy)

SIGNALEMENT

Taille 1m65 Cheveux Blonds
Bouche moyenne Yeux noirs
Visage ovale Teint clair
Signes particuliers

TIMBRE FISCAL 15

Fergue

Etabli à Veyrac
Le 28 juin 1944
Le Maire ~~ou le Commissaire~~

Empreinte Digitale

Enregistré sous le N° 1215

Changements de Domicile

Visa Officiel

Carte d'identité délivrée par la préfecture de la Haute-Vienne après le massacre du 10 juin 1944. La commune d'Oradour-sur-Glane n'existe plus, le Mas-du-Puy est rattaché à la commune de Veyrac.

" Tu vois, il y a quelqu'un là-bas. Tu es presque arrivé ". Il continue seul et je rentre à la maison. Une heure plus tard, son jeune frère le voit dans la prairie derrière la grange. Il a fait demi-tour aussitôt après notre séparation.

En revenant de Chantelouve

Aujourd'hui, mon père et moi sommes allés couper du bois à Chantelouve, dans un taillis composé de bouleaux et de quelques jeunes pousses de chênes. Nous sommes en janvier, et c'est la fin de la journée. Quelques brins de neige volètent.

" Partons, dit mon père. De toute façon, il est temps de rentrer. "

Il est seul sur la propriété pour les gros travaux, mais il ne se plaint jamais. Nous prenons le sentier. Il marche devant moi comme pour m'ouvrir le passage. Chacun sa hache sur l'épaule, nous traversons le pré Authier avant d'atteindre le chemin du village ; nous venons de passer à l'endroit où, l'été dernier, j'ai tué une vipère avec ma fourche. Le grand pré est déjà tout blanc ; la neige tombe à présent à gros flocons, et, silencieusement, nous enveloppe peu à peu. Le ciel et la terre se confondent. Il n'y a plus d'horizon, nous sommes dans une sorte de cocon. Une grande tristesse, quelque chose d'indéfinissable et d'angoissant m'envahit. Je ressens chez mon père un accablement, le fardeau du malheur. Lui, une force de la nature, semble se courber sous le poids de la neige. À quoi pense-t-il en ce moment, le combattant de 14-18, la Grande Guerre, qui devait être la der des der, le héros de Verdun et du Chemin des Dames ? Sans doute à sa fille que l'on a tuée, ici, près de chez lui, comme il le rappelle parfois.

Il ne fait pas froid. Seul un petit vent de face plaque les flocons contre nos visages, et nos yeux sont embués. Est-ce uniquement la neige ?

À présent, nous avançons lentement, côte à côte, en silence, seuls avec nos pensées. Autour de nous, la chape de neige nous isole du paysage et du monde. Là-bas, au village, ma mère attend notre retour, et bientôt nous arriverons aux premières maisons. J'aperçois Jean Sègue. Sans doute allons-nous faire une partie de boules de neige, ou peut-être irons-nous à la chasse aux oiseaux ?

*

* *

Un jour, Maria revient de Limoges par le tramway. Elle est allée chez le photographe, rechercher un agrandissement d'une photo de Germaine. Le compartiment est bondé. Il fait chaud. Un gros monsieur à barbe blanche se rend à la pêche. Assis sur son panier, son attirail auprès de lui, il est en sueur. La discussion s'engage sur Oradour. Une passagère compatit et pose des questions. Maria lui montre la photo de sa fille, et dit d'une voix tremblante : " Voyez si elle était belle. Et si jeune. " La jeune femme est prise de malaise. Il faut baisser une vitre pour faire un peu d'air.

Maria rêve : elle entre dans la salle à manger. Sa fille est présente et lui donne une tape amicale sur l'épaule. Germaine n'est pas morte, elle est là. Brusquement, Maria se réveille, regarde la pendule. Il est trois heures. La nuit sera longue, elle ne dormira plus. Le matin, elle me dit :

" J'ai rêvé de ta sœur, cette nuit. Elle était là comme quand elle était vivante. Elle m'a tapé sur l'épaule. " Nous déjeunons en silence.

Une fois, alors que je lui ai parlé de façon désagréable, elle dit, sur un ton résigné : " Ne me parle pas comme ça, j'ai tant besoin qu'on me parle gentiment. "

Parfois, atteinte d'un sentiment de déception, elle disait : " J'ai pourtant du mérite... si cela était reconnu... " Elle se reprenait bien vite, et je crois bien que sa plus belle récompense était la satisfaction du devoir accompli. Souvent, au petit déjeuner, elle pleurait en silence. Me voyant un peu agacé, bien que compatissant, elle regardait par la fenêtre et disait :

" Le ciel est clair, il va faire beau aujourd'hui. "

Le soir, avant de se mettre au lit, elle embrasse tendrement les photos de ses chers martyrs, soigneusement disposées sur la commode. " Georgette serait une belle jeune fille aujourd'hui, elle était déjà si jolie. Et Edmond, il serait grand, tiens, à présent. "

Quelquefois, elle parle des jours heureux.

" Je chantais bien, autrefois, tu te souviens ?

— Oui, je me souviens. "

Elle chantait souvent, au repas du mardi gras, par exemple, ou au cours d'une veillée, avec des voisins et des amis, ou tout simplement en famille. Les *Trois voltigeurs, Belle rose, Le merle...* des chansons transmises de génération en génération, apprises dès l'enfance.

" On est bien heureux, quand on est jeune. "

Elle dit cela sans trop de tristesse, elle semble heureuse. Cependant, parfois, son regard se perd au loin. Ses yeux s'embuent, les larmes apparaissent et, encore une fois, coulent sur ses joues. Elle vient d'apercevoir une belle jeune fille qui passe à bicyclette. C'est Germaine, sa fille, ainsi partie un après-midi de juin, pour ne plus revenir.

" Germaine, ma petite fille, si belle. Regarde la photo, là : elle était toute petite, deux ans. Elle était si mignonne. "

Chaque dimanche, quand Marie et Jean, Georgette et Pierre, Maria et Lucien, Louise, Marcelle, Henri et tous les autres se recueillent devant les fosses communes, le cœur des disparus, éternellement jeunes dans la mort, bat encore en chacun d'eux, et les larmes n'y peuvent rien.

Parfois, le vent d'hiver, glacial, les fait se serrer les uns contre les autres. Il leur faut réapprendre à vivre, avec la claire conscience de la fragilité du bonheur, et du danger qui le menace sans cesse.

*

* *

Adrien, du Mas-du-Puy, est rentré d'Allemagne. La maison qu'il a quittée en 1940 est vide. Sa femme, son fils, sa mère, ont disparu. Seule consolation, son frère Louis va bientôt, lui aussi, revenir de captivité.

Raymond Ratier, d'Orbagnac, est dans la même situation. La dernière fois qu'il a vu sa petite fille, c'était encore un bébé. Il ne l'aura pas vue grandir.

Heureusement, il retrouve son père et sa mère.

Beaucoup d'autres vivent la même épreuve. Plus tard, Raymond Ratier deviendra conseiller municipal et participera à la renaissance du nouvel Oradour.

Les années ont passé

1970

En 1914, Jean Valade est arraché, à vingt ans, au premier jour de la mobilisation, à son terroir limousin, Vaulry, Blond, Chamboret, pour devenir un soldat de la Grande Guerre et défendre un bout de terrain qui ne lui appartenait même pas. Lorsqu'on les exhortait au combat, lui et ses camarades du 63e R.I., là-haut sur la ligne de feu, on leur criait :

" Eh bien, les Limousins, les révolutionnaires, révoltez-vous donc contre l'ennemi. "

Il a maintenant rejoint le domaine des ombres. Peut-être a-t-il retrouvé ses camarades, les poilus de Verdun, ainsi que sa fille et ses petits enfants, qu'il aimait tant. Lui qui ne se plaignait jamais, et n'avait pas reculé devant la mort, avait craqué un moment à son entrée à l'hôpital. Dans l'ascenseur, alors qu'il faisait une hémorragie, il dit, la voix cassée, aux infirmières qui l'accompagnaient : " Mes sœurs, j'ai perdu ma fille dans le massacre d'Oradour. Le silence se fit. On n'entendit plus que le léger bruit mécanique de l'appareil.

Maria est seule à présent pour se rendre au cimetière. C'est un rite, pas forcément triste. L'hiver, elle fait sa visite l'après-midi, toute de noir vêtue, munie d'un parapluie qui lui sert surtout de canne. Le parcours est toujours le même : environ un kilomètre et demi. À la belle saison, elle effectue son tour le matin. Elle s'arrête devant le caveau de famille, et se rend ensuite au tombeau des martyrs. Malgré son âge, elle marche d'un bon pas, et parmi les personnes qu'elle rencontre, plusieurs lui en font compliment. Flattée, elle sourit et échange avec elles quelques mots gentils. Le dimanche, avant de rentrer, elle va à l'église prier pour ses morts, et laisse un cierge brûler à leur intention.

Lors d'un de ses retours, quelqu'un fait brûler des herbes sèches dans un champ proche, et la fumée l'enveloppe un instant. Un petite fille accompagnée par sa maman passe à ce moment-là et remarque qu'elle a les larmes aux yeux.

" Pourquoi pleurez-vous, Mamie ?

— Ce n'est rien, ma petite, c'est la fumée. "

*

* *

Jacques Boissou a fait carrière au Commissariat à l'énergie atomique. Il habite en Tourraine. De temps en temps, il revient à Oradour, parfois en été, parmi la foule des touristes, parfois dans un moment plus calme. Il parcourt alors les rues du village détruit. Quelquefois il s'arrête devant ce qui fut l'école qu'il a fréquentée avec ses camarades, presque tous disparus. Comme tous ceux qui ont vécu cet après-midi de juin, il n'oublie pas. Comment pourrait-il oublier ?

Les mamans d'Oradour, cinquante ans après

En 1944, Monsieur et Madame Laine habitent à côté de Chartres en Eure et Loir. Leur fille Claudette, 5 ans, vient d'être atteinte de poliomyélite. Craignant une contamination de cette terrible maladie pour Gysette leur autre petite-fille de 3 ans; ils la confient aux grands-parents Léonard et Léonie Mondot, à Oradour-sur-Glane. Aujourd'hui Claudette dit qu'elle voyait souvent sa mère pleurer mais qu'à l'époque elle n'avait pas réalisé l'ampleur de son chagrin. Elle se souvient d'avoir joué inconsciente dans le cimetière, alors que sa mère était en larmes devant le tombeau des martyrs. Les parents, aujourd'hui décédés, ont voulu que leurs cendres soient dispersées dans la maison des grands-parents.

Ida Desseix, de la même famille, habitait Limoges. Son mari, Louis, était militaire et se trouvait en Syrie. Par peur de bombardements sur la ville, elle avait mis à l'abri Jacques son petit garçon de 3 ans chez les mêmes grands-parents. Dès le surlendemain du drame elle s'était rendue à Oradour et avait retrouvé dans les ruines encore fumantes de la maison une petite voiture calcinée ayant appartenu à son fils.

Tous les ans, à Noël, elle mettait ce jouet devant le sapin. Puis, un jour de 1972 le temps n'ayant pas atténué sa douleur, elle a décidé de quitter la vie et s'est suicidée.

Louise Lavergne a vécu seule une grande partie de sa vie. Au nouveau bourg, elle venait souvent voir Maria Valade, mais elles ne parlaient pas de leurs malheurs.

Georgette Vauchamp s'est éteinte à la maison de retraite de Bellac. Elle s'en est allée de la vie discrètement, comme lorsqu'elle se rendait au cimetière, un petit bouquet de fleurs à la main. Elle a longtemps fait des ménages à Oradour. Elle habitait toujours les Bordes et se rendait à son travail à pied, refaisant ainsi le parcours que sa petite fille avait accompli à regret le samedi tragique. Elle ne manquait pas de faire une halte au cimetière, qui est sur le trajet.

Marie Ballot, comme beaucoup d'autres, nous a quittés il y a plusieurs années. Sans doute, au cours de sa vie, a-t-elle souvent revu par la pensée le dernier déjeuner sur l'herbe avec les deux petites filles.

C'était le 10 juin.

Il y a bien longtemps.

Les visages des chers disparus s'estompent. Elles ont beaucoup pleuré, mais elles ne sont guère nombreuses à présent. Ainsi parle-t-on très peu d'elles, que l'on rencontre encore quelquefois sur la route du cimetière. Elles ne portent ni décorations ni médailles. Elles ont élevé d'autres enfants.

Malgré leur grand âge, leur visage est resté beau, car, à travers leurs rides et leurs regards résignés, on lit encore la bonté.

Certaines sont seules, d'autres en maison de retraite. Quand elles partent au lieu du grand repos, le drapeau de l'Association Nationale des Familles des Martyrs, dont les plis portent le souvenir de la douleur, les accompagne, seul hommage rendu à ces mamans qui, un matin de juin, ont regardé partir leurs enfants.

*
* *

Pourquoi Oradour ? pourquoi nous ? Depuis plus de cinquante ans, on se pose la question. Il n'y a pas de réponse précise. Ce jour-là, l'innocence a rencontré le fanatisme.

D'un côté, un pays paisible, l'espoir au cœur. De l'autre, une troupe de soudards formés et conditionnés pour tuer, dans le cadre d'une action de guerre totale. Une théorie échafaudée par Clausewitz pendant les guerres napoléoniennes, élaborée par Ludendorff lors du premier conflit mondial en 14-18, appliquée avec méthode par les nazis en 39-45. Un procédé qui consiste à combattre les ennemis de façon radicale, et surtout à terroriser les populations. Peu importe que l'on tue des innocents. Hitler ne disait-il pas qu'il vallait mieux arrêter des innocents que prendre le risque de laisser un ennemi en liberté ? La punition prouve le crime : " Ils ont été châtiés, ils étaient sans doute coupables. " Théorie absurde quant au résultat, puisque, si, le 9 juin, certains pouvaient encore avoir des doutes sur la philosophie nazie, le 11, la population unanime était décidée à combattre l'Allemagne et son régime de terreur, par tous les moyens.

Une action de cet ordre était prévue en Limousin, que l'on avait présenté aux SS. comme une petite

Russie. Certes, il y avait des résistants en Limousin, mais non à Oradour, ni à proximité. On réaliserait donc l'opération plus facilement, avec un meilleur résultat.

En réalité, les habitants d'Oradour ont seulement eu le défaut, ce jour-là, d'être français et de se trouver sur le parcours de la division Das Reich.

Oradour était un bourg où vivaient, sans histoires, des gens simples. Sans trop le savoir, on y était heureux. Tout cela a été balayé par un après-midi d'un bel été. Quelques heures de soleil et de sang.

Quand on a arrêté les assassins, les mamans d'Oradour, persuadées qu'il ne pouvait s'agir que de monstres, ont demandé quel aspect physique ils avaient. Eh bien, c'étaient des hommes ordinaires. Peut-être en est-il encore quelques uns de vivants, qui ne se souviennent pas. Quelques uns qui se disent incapables de faire le moindre mal à leur pire ennemi. Ils ont oublié leurs mitrailleuses, le feu et le sang. Ils ont disparu dans les brouillards de l'oubli.

Peu importe. Morts ou vifs, ils sont dans notre souvenir, dans les ruines atroces et sublimes de ce bourg qu'ils ont assassiné. Ils ont réussi à tuer Oradour, comme ils ont réussi à tuer des centaines de milliers d'êtres humains partout dans le monde. Mais quelle folie était la leur, s'ils s'imaginaient avoir détruit notre race, ces soudards à l'aspects d'hommes ordinaires qui n'étaient pas sensibles au sourire d'un enfant.

Un nouvel Oradour est bien vivant, avec une école, et, dans la cour, des enfants qui s'ébattent gaiement.

En 1953, a été créée une course cycliste, que les organisateurs ont nommée : *Grand Prix de la Renaissance.* Tous les grands champions se sont affrontés sur un circuit tracé dans le nouveau bourg : Raymond Poulidor a remporté quatre fois cette épreuve, Jacques Anquetil deux fois. En 1970, l'équipe de football de l'U.S. Oradour-sur-Glane, avec, dans ses rangs, des descendants des survivants, a disputé la finale de la Coupe de la Haute-Vienne. Quelles que soient les blessures de l'hiver, la nature revient toujours vers le printemps.

À la guerre, il y a des vainqueurs, mais pas de gagnant. Il n'y a que des perdants. Oui, l'Oradour d'aujourd'hui est la preuve qu'ils n'ont pas gagné. C'est notre revanche, la victoire de la vie sur la mort.

Toute violence est régression. C'est cela, la leçon d'Oradour.

Le sacrifice de toutes les victimes de la guerre doit se traduire en termes de paix et d'espoir. Il doit faire prendre conscience à chacun, et en particulier aux jeunes, porteurs d'espérance, pour qu'ils fassent obstacle à la résurgence des démons du passé et qu'ils poursuivent, avec tous les peuples de la terre, la construction d'un monde de paix, de justice et de liberté.

La liberté peut se perdre, et il en coûte très cher pour la reconquérir.

En revenant de Nieul

Septembre – octobre 1997

Marie Valade ne me reconnaît plus, maintenant. Parfois, elle demande où est son fils, alors que je suis assis à côté d'elle. Quand elle pouvait encore marcher, nous faisions une courte promenade dans le parc du château. Un jour, je lui avais montré l'emplacement de l'ancienne école.

" Tu vois, Germaine venait à l'école ici.

– Ah, je ne me souviens pas. "

La pauvre, quel malheur. Parfois, je réussissais à lui faire chanter des bribes de chansons ; elle avait encore de la musique dans le cœur.

Ce n'est plus la maman qui s'inquiétait quand j'étais absent, mais, après l'avoir vue pleurer si souvent, c'est une consolation que de la voir apaisée. " Il arrive un moment où l'on ne pleure plus .[1]"

À la fin de leur vie, certaines mamans se reprochaient de ne plus pouvoir pleurer, car s'il n'est pas bon de s'enfermer dans un deuil indéfini, tourner la page, ne répare pas les blessures.

---

1. Camille Bardet, dont la sœur Denise, institutrice, fut brûlée avec ses élèves, en parlant de sa maman.

À la radio, Mort Shumann chante *Il neige sur le lac Majeur*. Ici, un mince rayon de soleil passe à travers les branches des arbres qui bordent la route et forment une voûte naturelle. *J'ai tout oublié du bonheur... il neige sur le lac Majeur*. Les maisons, les arbres, défilent. Les images se succèdent, le passé, le présent, les joies, les peines.

Avant les Cinq Routes, je prends à droite par Estivaux, Chez Grenier, le Mas-du-Puy. Je m'arrête sur la route du Moulin des Bordes, je descends de voiture en face du pont de l'Erbeillou.

Dans le pré, les vaches broutent paisiblement, comme autrefois. On entend le doux murmure de la Glane, et on écoute le vent qui court à la surface de l'eau. Le paysage est habillé de petits bois aux feuillages verts virant au bleu, et de prairies céladon. Je pense au petit garçon avec son bâton et son chien, à la fenaison, à la pêche, à la chasse aux oiseaux. Je revois aussi la fumée, les feuilles de papier, les lambeaux de tissu calcinés, la page du livre de catéchisme et son funeste message. Malgré tout, j'éprouve une sorte de tendresse pour cet endroit. Quelque part au fond de moi, ce paysage m'appartient.

Le ciel est à présent couvert et, entre une vague de nuages gris venant du nord et un troupeau de nuages blancs filant vers le sud, un grand pan de ciel bleu s'efforce de résister, au-dessus du Mas-du-Puy, lorsque je traverse le village. Au passage, j'ai remarqué une construction nouvelle, et une maison en cours de rénovation.

L'espace d'un moment, j'ai éprouvé de la mélancolie. Puis je me suis souvenu que les mamans d'Oradour ne s'apitoyaient pas sur leur sort, elles pleuraient sur le malheur d'êtres chers disparus trop jeunes. " Les martyrs, ce n'est pas nous, disaient-elles, mais ceux qui sont tombés dans l'après-midi du 10 juin, la plupart au seuil de leur vie. " Elles considéraient aussi, sans doute, que l'on doit poursuivre son chemin tant qu'une route reste ouverte devant soi. Alors, elles avaient repris la leur, bordée de tombes, et, lorsque le passage se faisait sombre et difficile, le souvenir vivace des êtres chers était la lueur qui éclairait leurs parcours.

Entre le Mas-du-Puy et Oradour, vers Beaucassie, j'ai croisé une voiture, conduite par une maman qui ramenait son enfant de l'école.

Témoignages

Jean Sègue.

Je m'appelle Jean Sègue. J'ai soixante ans, étant né le 21 novembre 1927 à Limoges. À l'époque, je m'appelais Jean Sergue, fils de l'assistance publique de la Haute-Vienne. J'étais domestique de ferme chez M. et Mme Pierre Reffanche, au Mas-du-Puy, commune d'Oradour-sur-Glane, du début de 1941 au 21 novembre 1944.

En début de l'après-midi, le samedi 10 juin 1944, mon patron et moi-même étions dans un champ, occupés à sarcler des haricots, lorsque nous entendîmes de forts ronflements de camions, très rares à l'époque, suivis de nombreux coups de feu, puis, dans le courant de l'après-midi, nous avons assisté à une pluie de résidus de papiers et de tissus calcinés. Sur les morceaux de papier, on arrivait à lire. Nous étions en présence de morceaux de livres de catéchisme. Tout l'après-midi, cette bizarre pluie continua ; le soir, en rentrant au village, nous ne savions toujours pas ce qui s'était produit.

Le lendemain, dimanche 11 juin, après avoir appris par les rescapés le massacre de toute la population du bourg d'Oradour-sur-Glane, nous décidâmes, mes camarades et moi-même, de nous rendre sur place. Notre petite équipe était composée de quatre personnes : les frères René et André Vignaud, Albert Valade, et moi-même. Nous avions encore l'espoir de trouver des parents ou des amis vivants.

En arrivant au village de Puy-Gaillard, nous trouvons les maisons et les fermes incendiées, le bétail calciné. Nous commençons à réaliser l'étendue de la tragédie. Ce que nous allons voir par la suite confirme ce que les rescapés nous ont affirmé le matin même. Nous trouvons un groupe de personnes emmenant dans une brouette une personne qu'on nous dit être Mme Rouffanche. En arrivant sur le pont de la Glane, nous voyons dans l'eau le corps d'un homme, et un nombre important de vélos et de motos. L'un de nos camarades Albert Valade, écœuré, ne peut continuer. Nous nous dirigeons vers l'église. Ce que nous voyons dépasse l'imagination. Devant nous, à l'entrée, nous voyons les cloches fondues : de grosses gouttes et d'autres morceaux de différentes formes. Nous avons mal. Nous voyons les restes de corps d'enfants et de femmes entassés pêle-mêle sur la plus grande partie du sol de l'église, sur une épaisseur importante. Nous restons quelques minutes sans voix, atterrés par cette vision qui paraît irréelle, et pourtant, les faits sont là : ils les ont brûlés. Et puis nous n'avons pas le temps de continuer, nous entendons le bruit de moteurs provenant du centre bourg, nous pensons que ce sont les bourreaux qui reviennent, nous traversons rapidement la rue et la petite place en contrebas pour nous retrouver sur les bords de la Glane, que nous traversons sans nous soucier de la profondeur, tellement la peur est grande. Je pense que, même s'il n'y avait pas eu le bruit des moteurs, nous aurions été incapables de continuer à aller plus avant dans le bourg.

En arrivant au village, des nouvelles alarmantes nous attendaient : les SS. recherchaient les rescapés ; le conseil était donné aux villageois de soigner les bêtes et de partir coucher dans la nature. Les habitants du village du Mas-du-Puy sont allés coucher dans la forêt de Veyrac. Nous avons pendant plusieurs jours exécuté ces conseils, puis les autorités allemandes et françaises ont décidé de rayer de la carte la commune d'Oradour-sur-Glane. Nous avons dû nous faire établir par les communes limitrophes des cartes d'identité. J'ai en ma possession une carte d'identité établie avec l'adresse du Mas-du-Puy, commune de Veyrac.

Espérant apporter ma modeste contribution à la vérité sur les événements douloureux du 10 juin 1944, je déclare sur l'honneur l'exactitude de mes propos.

Jean Sègue, juillet 1988

René Vignaud

10 juin 1944 : je me souviens.

Ce samedi-là, rien ne laissait prévoir la tragédie qui allait se dérouler pendant l'après-midi.

Mon père était allé faire ses courses au bourg, car nous habitions le Mas-du-Puy, à deux kilomètres d'Oradour. Après avoir touché sa ration de tabac, car c'était le jour de la distribution, il s'était arrêté pour parler à ma sœur Marie-Louise, employée aux Brégères.

Jusque vers quatorze heures, chacun vaqua à ses occupations habituelles. Soudain, nous entendîmes des coups de feu et des rafales de mitraillettes. Étonnés, nous pensions que c'était un affrontement entre maquis et Allemands, bien qu'à ma connaissance il n'y ait jamais eu de maquis à Oradour.

Quelques temps après, il y eut comme une explosion, et le vent porta vers nous, avec une odeur de brûlé, des lambeaux de papier roussis que nous pensâmes venir de l'église, puisqu'il y avait des mots en latin.

Nous vîmes alors de la fumée dans la direction du bourg. Intrigués, mais pas alarmés, nous avons continué notre travail.

Vers dix-sept heures trente, les mamans, ne voyant pas venir les enfants de l'école, inquiètes, sont allées voir ce qui se passait. À dix-neuf heures, personne n'étant revenu, ceux qui étaient restés au village commencèrent à penser qu'il y avait quelque chose d'anormal.

Avec la nuit, nous aperçûmes des flammes, dans la direction du bourg, et l'angoisse nous saisit. À minuit, nous partîmes avec quelques hommes. Quand nous fûmes tout près, nous vîmes que tout brûlait. Nous entendions craquer les poutres qui s'effondraient dans un jaillissement des flammes et d'étincelles. Des chiens hurlaient. C'était sinistre.

Nous pensions que femmes et enfants étaient retenus quelque part, mais jamais l'idée d'un massacre ne nous est venue.

Ne pouvant aller plus loin, nous repartîmes chez nous. Ce n'est que le lendemain matin, quand deux rescapés sont passés au village, que nous avons appris la tuerie.

À midi, avec mon frère et un voisin, nous sommes entrés dans le bourg.

La première victime que nous avons vue était un employé du tramway, dont le corps gisait sous le pont. Ne voyant pas d'Allemands, nous sommes entrés dans l'église.

Il y faisait une chaleur terrible.

Malgré l'épaisse fumée, nous aperçûmes un tas de corps calcinés, vers l'autel. M'étant pris les pieds dans un landau d'enfant, je tombai à genoux, mais me relevai rapidement : les pierres étaient encore brûlantes.

Des bruits de voitures nous firent sauver et, épouvantés, à travers prés, nous avons regagné notre village, craignant le retour des Allemands.

Terrorisés, pendant plus d'une semaine nous nous cachâmes dans les bois, après avoir libéré tout le bétail. À tour de rôle, les hommes faisaient le guet.

Quand nous fûmes surs que les ennemis ne reviendraient pas, nous allâmes au bourg, pour essayer de retrouver les personnes disparues.

Malgré l'activité de la Croix Rouge et des secouristes, une odeur épouvantable se dégageait des corps en décomposition. Nous n'avons jamais retrouvé celui de ma sœur, brûlée dans l'église.

Au Mas-du-Puy qui comptait dix foyers, il y eut treize victimes.

Les panneaux à l'entrée du bourg martyr portent " Remember ", mais pour moi comme pour tous ceux qui ont vécu ces heures horribles, il n'est pas besoin de panneaux.

J'avais quatorze ans, j'en ai cinquante-huit aujourd'hui.

C'était il y a quarante-quatre ans... C'était hier.

Je n'oublierai jamais.

René Vignaud, juillet 1988

Abbé Schneider

Le 6 juin 1944, a lieu le débarquement sur les côtes normandes. Au titre de l'O.R.A. (Organisation de Résistance de l'Armée), rattaché administrativement au 8e B.C.P. reconstitué dans la région de Magnac-Laval, j'attendais à Limoges l'ordre de départ comme officier interprète de langue anglaise auprès d'officiers américains, anglais et canadiens parachutés en France occupée sur les départements de la Haute-Vienne, de l'Indre, des Deux-Sèvres, de la Charente et de la Charente Maritime. En attendant, j'assumais toujours les fonctions de chef d'une équipe d'urgence de la Croix Rouge Française, celle des séminaristes de Limoges.

Le dimanche 11 juin, nous apprenons avec stupeur et peu d'informations qu'un drame se serait produit quelques heures auparavant à Oradour-sur-Glane. L'équipe d'urgence est immédiatement mise en état d'alerte. Pendant ce temps, des pourparlers sont engagés entre la préfecture, les autorités allemandes et les services départementaux de la Santé.

L'après-midi du lundi 12, nous recevons l'ordre de rejoindre la place des Carmes, où nous montons dans une motrice des tramways départementaux. Nous arrivons sans encombre à Veyrac, où la motrice prend feu. Le feu est éteint rapidement, mais nous devons attendre l'arrivée de Limoges d'une autre motrice pour pouvoir repartir.

Cette journée de juin est très chaude et ensoleillée. Au détour de la route, nous apercevons soudain une première maison en ruines, puis la petite station détruite d'Oradour. Quelques fumées marquent encore les vestiges des incendies.

Nous commençons à découvrir l'ampleur du désastre, ignorant tout de la situation que nous allons trouver.

En descendant du tramway avec le docteur Bapt, médecin-inspecteur départemental de la Santé, nous allons essayer de faire le point et de nous répartir les tâches.

Le conducteur du tramway s'est dirigé vers la Glane toute proche, pour retrouver le corps[1] *de son malheureux collègue massacré. Celui-ci conduisait le tramway du 10 juin qui avait pénétré dans Oradour. Ce corps fut déposé dans une toile et ramené clandestinement dans le tramway.*

Les cendres de l'église furent placées dans des caisses portées dans les fosses communes du cimetière.

Nous avons récupéré les volets existant encore sur les ruines pour y déposer les restes humains, recouverts de chaux, placés dans un tombereau tiré par des bénévoles et versés dans une fosse du cimetière.

Une pause à midi, pour un frugal repas servi dans un pré par la Croix Rouge, puis reprise jusqu'à la fin de l'après-midi.

Pendant deux jours, un inspecteur de police, installé à une petite table, recueillait et inscrivait les objets plus ou moins précieux qui étaient trouvés.

Notre présence fut marquée par quelques événements : des éléments de la Wermarcht surgirent le jeudi en tirant des coups de feu ; du cimetière, nous pensions qu'ils voulaient faire disparaître les témoins gênants que nous étions devenus ; il n'en était rien, ils venaient faire la chasse aux poulets, lapins, et essayer de récupérer

---

1. Il s'agit du corps de monsieur Chalard employé du train d'essai arrivé à Oradour en début d'après-midi.

quelques pneus. En cours de route, ils mirent tout de même en joue le docteur Bapt et l'assistante sociale de Saint-Junien qui était venue nous rejoindre.

Par le petit bois proche du cimetière, nous avions de temps en temps des visites de proches, d'amis qui nous donnaient quelques indications, mais qui le plus souvent venaient aux informations, malgré l'interdiction d'approcher.

Plusieurs épisodes me reviennent en mémoire : celui du puits où nous avions appris que plusieurs corps avaient été jetés. Après quelques essais infructueux, des éboulements se produisant, je pris la décision d'abandonner et de combler le puits.

Celui d'une personne impotente, morte dans les ruines de sa maison. En creusant la terre devant chez elle, j'ai trouvé une fleur de lys en étain entourant une représentation de l'apparition de N.D. de Lourdes à Bernadette. Continuant la recherche, j'ai retrouvé le malheureux, racorni et réduit à environ cinquante centimètres de long.

Pendant ce temps, nous arpentons le terrain au milieu des ruines, approchons des granges incendiées où se trouvent les restes des hommes rassemblés par groupes, fusillés, puis brûlés, plus ou moins complètement. Certains seront identifiés grâce à leurs papiers encore un peu lisibles.

Dans l'église, quelques restes humains au milieu d'un tapis de cendres humaines, ce sont les « corps » des femmes et des enfants. Derrière l'autel, le vitrail brisé par lequel s'est échappée madame Rouffanche, tombée au milieu de la végétation, derrière l'abside, puis cachée à l'hôpital de Limoges.

Dans les prés, nous retrouvons les corps de quelques hommes qui ont, en vain, cherché à fuir et furent abattus sur place.

En voyant quelques emplacements fraîchement remués, nous songeons à des charniers éventuels ; nous en aurons confirmation dès le lendemain.

Il est temps de rentrer à Limoges, d'organiser le « travail » des jours suivants, dont nous n'imaginons pas encore l'ampleur.

Chaque jour, jusqu'à la fin de la semaine : motrice, wagons de voyageurs et de marchandises, un véritable convoi va quitter de bon matin la place des Carmes pour y revenir dans la soirée. Des cercueils, de la chaux, des outils, sont transportés. Une équipe des Ponts et Chaussées sera chargée de creuser les fosses communes du cimetière et celles destinées à l'ensevelissement des animaux.

Des scouts sont chargés d'écarter les rares curieux éventuels, de rassembler les objets abandonnés sur le terrain.

Seules deux équipes d'urgence, dont le nôtre, ont le droit de s'occuper des restes humains.

Nous avons travaillé en blouses blanches, avec des gants de caoutchouc, certains portant un masque.

Les corps identifiés, peu nombreux, furent placés dans des cercueils placés dans des caveaux du cimetière. Les corps à peu près intacts, dont on pouvait espérer l'identification, furent placés dans des cercueils disposés bout à bout dans une longue tranchée.

À la fin de chaque jour, les secouristes et autres personnes volontaires se rassemblaient devant les fosses communes pour le chant Ce n'est qu'un au-revoir et une brève prière.

Mgr Rastouil Évêque de Limoges, m'avait chargé d'essayer de retrouver les restes des trois « soutanes » : le curé de la paroisse, le prêtre lorrain réfugié avec des paroissiens, et un séminariste alsacien. Nous n'en avons trouvé aucune trace, ni des vases sacrés, ni du tabernacle, mais seulement, dans la sacristie qui était effondrée à trois mètres de profondeur : un ostensoir, des ampoules des saintes huiles en étain, le tout rapporté au Grand séminaire.

Le père Henri Dima, sulpicien, directeur du Grand séminaire, est venu nous rejoindre, ainsi que Mgr Rastouil, venant présider un jour la prière devant les fosses communes, avant sa courageuse intervention du vendredi du Sacré-Cœur, le 16 juin, dans une cathédrale comble, ce qui contribua à son arrestation ultérieure.

Monsieur Élias, des Pompes funèbres Les Iris de Limoges a été d'un précieux secours. L'abbé Norbert Timmer s'est toujours porté volontaire pour les tâches les plus horribles, sans parler des photographies, prises au péril de sa vie et volées ensuite !

Ces événements ont sans dote marqué pour la vie ceux qui y furent mêlés, nos habits jusqu'à leur désinfection sentaient le cadavre. Certains ont supporté difficilement le choc psychologique. La participation d'un certain nombre d'entre nous, aussitôt après, aux formations militaires de la Libération, nous a permis de dépasser momentanément le drame d'Oradour.

Abbé Philippe Schneider,
Paris le 28 décembre 1988,
en la fête du Martyre des Saints-Innocents.
In memoriam du Dr. Bapt
et de tous les compagnons des ces heures douloureuses.

Henri Moreau

Oradour-sur-Glane — 1944 – 1989 — Souviens-toi.

En lisant le témoignage de l'abbé Philippe Schneider en date du 28 décembre 1988 sur Oradour-sur-Glane le 10 juin 1944, quarante-cinq ans après, je me croyais plus fort, et beaucoup de sentiments douloureux sont remontés dans tout mon être.

À l'époque, séminariste du diocèse de Poitiers, résistant, professeur à Ozanam à Limoges sous un nom d'emprunt, avec l'équipe d'urgence du Grand séminaire de Limoges, durant la période, j'ai participé aux travaux de secours : à l'ouverture du premier charnier près de l'église, aux travaux dans l'église, dans la sacristie effondrée, dans les ruines fumantes, aux alentours du cimetière.

J'étais au cimetière lorsque des éléments de le Wermarcht ont tiré, le jeudi, des coups de fusil ; avec des camarades, nous étions venus y apporter des cendres recueillies dans des caisses, sur une charrette tirée à bras.

Nous n'oublierons jamais cette journée atroce du 10 juin ; je pense aux lourds instants de recueillement au cimetière, le soir, lors de l'absoute, aux fleurs cueillies par nous, les « secouristes », puis déposées sur les fosses ; je me remémore le service religieux à la cathédrale le mercredi matin 21 juin, décidé et présidé par Mgr Rastouil, service auquel j'ai assisté aux côtés du chanoine Durepaire, directeur d'Ozanam, la prétendue pose de mines à la cathédrale, et la foule immense dans et autour de l'édifice.

Il n'est pas question ici de reprendre le témoignage de l'abbé Schneider ; compagnon de ces jours douloureux, je voudrais simplement dire ceci : quarante-cinq ans après le massacre et le crime sans nom, ce témoignage volontairement concis colle à la réalité, même si cette réalité ne peut être relatée dans toute son horreur. Par rapport à ce que j'ai vu, entendu, il est d'une rigoureuse vérité historique. J'oserais même dire, si j'y étais autorisé, qu'il constitue une page digne de figurer à côté de celles de l'ouvrage officiel du Comité du Souvenir et de l'Association Nationale des Familles des Martyrs d'Oradour-sur-Glane. De toute façon, témoins rapprochés de ce jour maudit, nous pensons que cette page était due aux six cent quarante-deux martyrs d'Oradour, aux rescapés, à leurs malheureux parents, à leurs amis, en définitive à la France meurtrie puis ressuscitée.

Voilà qui est chose faite.

En 1944, avec l'abbé Norbert Timmer, nous faisions le serment de garder fidèlement le souvenir de nos frères martyrs et de communier avec eux. (Pierre Poitevin, L'enfer d'Oradour, p.182)

Quarante-cinq ans après, ils sont toujours présents dans nous cœurs et dans nos esprits, et nous savons que les témoignages resteront. Nous souhaitons ardemment qu'ils contribuent à « favoriser la naissance d'un monde dans lequel avoir vingt ans sera pour tous les jeunes de l'univers une raison d'espérer et non plus une source d'angoisse ».

Henri Moreau, alias Henri Mohrain,
Perpignan, le 9 mars 1989,

Après la visite des ruines avec l'auteur

Réflexions des élèves de CM 1 et CM 2
de l'école d'Oradour-sur-Glane

juin 1998

Plus jamais.
Plus jamais de jeunes et d'enfants massacrés
Plus jamais d'hommes brûlés, fusillés
Plus jamais de villages brûlés, balayés
Plus jamais d'hommes armés
Plus jamais d'envie de tuer
Plus jamais de massacres comme celui d'Oradour
Mais la paix pour toujours.

Vous aviez 7 ans, 9 ans, 14 ans
Vous vous appeliez Jean, Francine, Marcel
Vous meniez une vie d'enfants heureux
Vous habitiez au bourg, au Repaire, au Mas-du-Puy
Vous aviez des frères, des sœurs
Vous jouiez à la corde à sauter, aux billes
Vous adoriez le calcul, un peu moins la grammaire
Et un jour, sagement, vous avez suivi votre maître,
vous avez obéi aux ordres, vous êtes entrés dans
l'église, et...

*
* *

Ces mamans qui sont venues chercher leurs enfants ont été tuées.

Le 10 juin 1944. Une date qui restera gravée dans nos cœurs et nos mémoires.

*
* *

Pourquoi faire la guerre ?
Pourquoi tuer ?
Il faut absolument faire la paix.

Guillaume

Nous voulons de l'amitié, de l'amour
Nous voulons de l'espoir.

Olivia

*
* *

L'homme est fou
Pire que le loup
Oradour pèse lourd
Sur notre cœur
Mais un jour la paix reviendra pour toujours.

Coraline

*
* *

Oradour, la guerre ne sert à rien
C'est pourquoi on espère
Plus jamais d'Oradour

Émilie

*
* *

Plus jamais de guerres,
Nous voulons la paix et l'amitié

Julien

*
*   *

As-tu vu la guerre
Celle qui a tué tant de gens
As-tu vu la paix ?
Nous la protégerons
Pour un futur meilleur.

Agathe

*
*   *

Plus jamais de guerre
La paix, l'espoir et l'amitié
Cela est nécessaire
Oradour, protège-nous.

Teddy

Oradour-sur-Glane
Pourquoi la guerre ?
Ce n'est pas nécessaire
Vive la paix, l'espoir des enfants innocents
Il faut que ça s'arrête un jour.

Virginie

*
* *

La paix n'existe donc t'elle pas ?
pourquoi cette chose si horrible ?
pourquoi ?

Céline

*
* *

On a tué Oradour, pourquoi ?
Ils étaient innocents
Il ne faut plus jamais recommencer la guerre.

Raphaël

Plus jamais la guerre
Pourquoi pas la paix
L'amitié entre les pays ?
Nous avons envie de vivre
Amitié et espoir

Audrey

*
* *

Oradour plus jamais
La paix et surtout
Beaucoup d'amitié.

Thomas

Les guerres prenant naissance dans l'esprit des hommes, c'est dans l'esprit des hommes que doivent être cultivées les défenses de la paix.

(Constitution de l'U.N.E.S.C.O. 1945)

Remerciements

L'auteur remercie :

M. Raymond FRUGIER, Maire d'Oradour-sur-Glane.

M. Marcel DARTHOUT, Président de l'Association Nationale des Familles de Martyrs d'Oradour-sur-Glane.

M. Claude FRANÇOIS, Journaliste.

M. René MONTAGNE, Secrétaire de l'A.N.F.M.O.G.

M. l'Abbé Philippe SCHEINDER.

M. Henri MOREAU.

M. Marcel BÉLIVIER.

M. Jacques BOISSOU.

M. Emile BALLOT.

Mme Marcelle BUREAU.

Mlle Hélène BUREAU.

Mme Marie-Louise DEMONTOUX.

Mme Paulette DE CATHEU.

Mme Amélie LAMIGE.

Mme Catherine LAMIGE.

M. Camille LABETOULLE.

Mme Renée MANEUF née VILLÉGER.

M. Alain ORSONI pour sa précieuse collaboration.

M. Antoine MOREAU.

Mme Maria MOREAU.

M. Camille BARDET.

M. Roger COLDEBŒUF.

Mme Jeanne RAYMONGUÉ.

M. René RAYMONGUÉ.

M. Daniel SENON.

Mme Andrée SENON.

Mme Solange TOMASINA.

M. André THOMAS.

M. René THOMAS.

M. Pierre REDON.

Remerciements tout particuliers à mes compagnons des journées de juin 1944 **Jean SÈGUE** et **René VIGNAUD** que je n'ai pas été capable de suivre jusqu'au bout, le lendemain du drame.

A. V.

Franck LAFOSSAS
Président Général
de l'Association Internationale
« Arts et Lettres de France »

*vient de finir de lire **"La page de catéchisme"** et vous félicite très sincèrement pour la qualité de l'émotion et pour la contribution à l'histoire que vous y apportez. Rarement un livre m'aura autant tenu en haleine.*

Grâce à vous les personnages vivent, non l'Histoire, mais leur vie quotidienne, de tous les jours, on les approche, se sent familier, et l'horreur, la barbarie, prend son aspect le plus odieux, l'innocence des victimes n'en est que plus évidente.

Toutes mes félicitations pour cet ouvrage qui restera une référence, bravo.

Très amicalement.

Franck LAFOSSAS

ÉCOLE NORMALE SUPÉRIEURE

Cher Monsieur,

Depuis samedi dernier, je ne cesse de penser avec émotion à notre rencontre autour de la visite de l'exposition consacrée aux enfants d'Oradour. Merci de nous avoir consacré ainsi votre temps et d'avoir bien voulu répondre à mes questions, avec franchise et disponibilité. Avant de repartir pour Paris, j'ai eu le temps de visiter aussi les ruines, si parlantes dans leur dénuement et qui prenaient sens, avec ce que vous nous aviez raconté le matin. Merci aussi d'avoir écrit votre livre, si simple et si vrai, et qui a pour l'historienne que je suis de grandes qualités : il restitue bien le climat des jours tranquilles avant le 10 juin (ainsi l'évocation de la veillée, ou le pique-nique quotidien de Marie Ballot, avec sa fille et sa petite-fille – il n'y avait pas de cantine à l'école à cette époque !) ; il exprime bien aussi toute l'horreur d'un massacre que vous avez vu de près (quelle belle image que les pages de catéchisme volant dans le ciel !) ; il montre aussi l'extrême prolongement de la douleur dans les années qui suivent. C'est vraiment un livre à faire connaître autour de soi et je m'y emploierai.

En vous remerciant encore, je vous prie de croire à mes sentiments les plus cordiaux.

Marie-France MOREL

Achevé d'imprimer sur les presses
de l'Imprimerie du Corrézien
19460 Naves
Imprimé en France - Mai 2003
N° impression : 1533
Dépôt légal : 2e trimestre 1999